CARMINE CARLO

LIBERATI DA EQUITALIA/AER

Tecniche e Strategie Per Liberarti Da Equitalia/AER In 7+1 Mosse Anche Se Non Sai Da Dove Iniziare

Titolo

"LIBERATI DA EQUITALIA/AER"

Autore

Carmine Carlo

Editore

Bruno Editore

Sito internet

http://www.brunoeditore.it

Sommario

Introduzione

Un giorno viene da me Marco e disperato inizia a dirmi: "Mi hanno pignorato il conto corrente con sopra 25.000 euro, la banca mi ha sospeso il fido di 80.000 euro, adesso non posso più pagare i miei dipendenti e i miei fornitori. Così dovrò per forza chiudere dopo vent'anni di attività".

Dietro quelle sue parole ho sentito un senso di paura, sconforto e impotenza, e la cosa peggiore è che non vedeva via di uscita. Era già andato dal suo consulente che gli aveva consigliato di rateizzare il debito che ammontava a 130.000 euro, perché secondo lui non c'era altro da fare contro Equitalia. Solo pagare: ma con quali soldi?

Ho parlato con Marco e dopo averlo tranquillizzato abbiamo preso in carico la sua posizione, e analizzato il contenuto e le modalità del pignoramento. Come spesso accade, non era assolutamente vero che contro Equitalia non ci fosse nulla da fare.

5

Anzi, ho spiegato che poiché vi erano numerosi vizi nella procedura di riscossione, avevamo ottime possibilità di risolvere la sua situazione e annullare il debito. Lui si è affidato a noi, ha visto una speranza e così abbiamo impugnato il pignoramento e dopo soltanto 25 giorni, siamo riusciti a farlo sospendere.

La banca ha permesso a Marco di riutilizzare il fido e quindi pagare i dipendenti e i fornitori e riprendere, seppure con difficoltà, la propria attività. È tornato a sorridere, Ma, cosa ancora più bella, è che dopo qualche mese siamo riusciti ad annullare completamente il debito di 130.000 euro e a fargli sbloccare le somme pignorate. Ben 25.000 euro.

Marco è stato fortunato perché mi conosceva e sapeva di cosa mi occupavo, ma tante persone si affidano a consulenti che non sanno come fare e come un mantra ripetono: "paga, paga, paga", tanto i soldi e i problemi non sono i loro.

Questo libro si rivolge a chi è stanco e non ha più voglia di farsi condizionare nelle proprie scelte dalla troppa disinformazione o meglio della pochissima informazione esistente in materia di cartelle esattoriali, spesso fornita dagli stessi professionisti che a volte non credono sia possibile annullare il debito esistente con l'Agenzia delle entrate-Riscossione.

Eppure i consigli e le soluzioni proposte in questo libro non derivano dalla nostra fantasia, ma sono il frutto di quello che le sentenze di tutti i Tribunali italiani hanno stabilito in questi anni riconoscendo i diritti dei contribuenti.

Scrivo perché voglio dare a te, come a Marco, l'opportunità, la speranza e la possibilità di avere di nuovo fiducia nel futuro. Non pensare mai a cose estreme! La soluzione spesso, per nostra esperienza, è molto più vicina di quello che si possa credere, bisogna solo conoscerla e grazie a questo libro la conoscerai e potrai magari farla conoscere a persone a te care.

Mi chiamo Carlo Carmine, sono un professionista-imprenditore e insieme ai miei due soci, l'avvocato Simone Forte e il dottore Mario Cerrito, aiutiamo da oltre quattordici anni imprenditori e professionisti a tutelare, proteggere e difendere i loro patrimoni e le loro aziende costruiti con anni di sacrifici.

Lo facciamo con consulenza ed attività legale contro gli agenti della riscossione, Equitalia o la nuova Agenzia delle entrate-Riscossione (è cambiato solo il nome) perché spesso (non dico volentieri) operano non rispettando i diritti dei contribuenti previsti dalla legge.

Sbagliamo tutti, noi imprenditori e professionisti, che a volte nel dover scegliere se pagare un F24 (tasse) o lo stipendio di un nostro dipendente abbiamo preferito la seconda, o quando per finanziarci e poter pagare i nostri fornitori, siamo stati costretti a rinviare il versamento delle tasse perché la banca, considerando che c'era la "crisi", ci chiudeva i fidi.

Ma sbaglia anche Equitalia, e noi aiutiamo le persone a individuare questi errori e a difendersi. La legge è uguale per tutti, o sbaglio?

Desidero che il presente testo serva a te per capire che è possibile annullare il tuo debito, eliminare un pignoramento o un'ipoteca sulla prima casa (ebbene sì, anche la "prima casa" può essere ipotecata e pignorata! Più avanti lo spiegherò meglio). È un libro con casi pratici e con storie vere e con le sentenze della Cassazione che ci danno ragione.

Non un manuale didattico, ma un libro che vuole darti le soluzioni; scritto in modo chiaro e comprensibile per chiunque, anche per te che pensi di non avere gli strumenti adatti a comprendere il linguaggio giuridico.

Perciò ti consiglio davvero di leggere il capitolo con i "super segreti", dove troverai le ultimissime novità del 2018 che ho voluto condividere con te e che, credimi, ti aiuteranno davvero in maniera concreta.

La prossima volta che il tuo consulente ti dirà: "Paga o al massimo rateizza", potrai verificare se davvero è l'unica soluzione, o se invece quel consiglio deriva semplicemente dalla poca conoscenza delle soluzioni o, peggio ancora, dal poco interesse e attenzione ai tuoi sacrifici, alla tua vita e alla tua serenità familiare.

A te la scelta: rassegnarsi ai consigli di consulenti poco

"conoscitori" della materia, oppure leggere questo libro, per conoscere, difenderti e vincere.

Se sceglierai di leggere il libro, alla fine avrai tutti i mezzi per riprenderti in maniera concreta i tuoi affari e guardare al futuro con più serenità e fiducia.

P.S. Alla fine di ogni capitolo troverai un link per accedere alla pagina *membership* del libro dove troverai tutti i modelli qui menzionati: quelli per fare ricorso, i video e altri contenuti extra pensati appositamente per te.

Capitolo 1:
Come annullare il fermo amministrativo

Mossa 1.

Sei stato fermato dalla polizia e il tuo veicolo all'esito dei controlli è risultato sottoposto a fermo amministrativo? Volevi vendere la tua auto ma l'agenzia automobilistica ti ha detto che sussiste un fermo amministrativo? Ti è arrivato a casa un preavviso di fermo amministrativo da parte dell'Agenzia delle entrate-Riscossione?

Inizio con il raccontarti cosa è accaduto al signor Diego perché questa storia potrebbe essere la tua. Dopo aver ricevuto un fermo amministrativo sulla propria automobile nel giugno 2016, il signor Diego ha iniziato a cercare in internet delle soluzioni diverse dal pagare immediatamente il proprio debito con il fisco, perché, se è vero che aveva paura di circolare con l'auto, era consapevole anche che l'agente della riscossione avesse commesso delle irregolarità durante il procedimento esecutivo.

Nel tentativo di approfondire un po' le proprie conoscenze su internet ha trovato la mia società e ha fissato un incontro con noi. Esaminata la documentazione, gli ho prontamente consigliato di proporre ricorso, perché da quanto ci aveva raccontato e dai documenti che aveva portato con sé, l'ex Equitalia aveva effettivamente commesso molte irregolarità ed era nel torto.

Cosa che, come ti dicevo, capita molto più spesso di quanto tu possa immaginare. E così il Giudice di Pace di Milano, dopo un'attenta valutazione della documentazione fornita da un nostro legale, ha riscontrato l'irregolarità sia delle notifiche delle cartelle, sia dell'avviso di fermo amministrativo, dichiarando per Diego l'annullamento di entrambe!

Tornando alle domande che ti ho posto all'inizio del capitolo, conosco perfettamente i disagi che ti stanno creando queste situazioni, perché le affronto ogni giorno da più di quattordici anni. Ma, prima di spiegarti come poterti difendere (perché come hai potuto concretamente vedere è possibile), è opportuno che ti illustri brevemente cosa si intende per fermo amministrativo.

Cos'è un fermo amministrativo e cosa comporta.

Si tratta di un procedimento cautelare che l'Agenzia delle entrate-Riscossione (ex Equitalia) può attivare al fine di recuperare i debiti che il contribuente ha nei confronti del fisco, come previsto dall'art. 86 del Dpr 602/73.

Fai attenzione, però, perché oltre ad essere un procedimento cautelare può diventare, (se non paghi il debito o se non ti difendi) un procedimento esecutivo, infatti, a seguito dell'iscrizione di un fermo amministrativo su un veicolo, l'agente della riscossione può disporre anche il pignoramento del veicolo e la sua vendita all'asta ai sensi dell'art. 521-bis c.p.c.

A seguito dell'iscrizione di un fermo amministrativo è previsto ai sensi del Codice della Strada (art. 214 D.lgs. 285/92) che il veicolo non possa circolare e debba essere custodito in un luogo non sottoposto a pubblico passaggio.

Se circoli con un veicolo sottoposto a fermo amministrativo, sei soggetto a una sanzione che può variare da un minimo di 770 euro, a un massimo di 3.086, rischiando persino la confisca del bene.

Come scoprire se hai un fermo amministrativo.

Se non hai mai ricevuto nessun atto che ti comunichi un preavviso o iscrizione di fermo amministrativo, puoi verificarlo semplicemente recandoti presso il Pubblico registro automobilistico (Pra) ed effettuare una visura sul veicolo di tua proprietà.

Stai per comprare un'auto usata? Attenzione!

Se stai per acquistare un'auto usata, presta attenzione che non ci siano gravami iscritti al Pra. Infatti, un fermo amministrativo emesso in data anteriore alla vendita manterrà i propri effetti anche dopo il passaggio di proprietà. Ti ritroverai, quindi, con un veicolo che non potrà circolare, non potrà essere demolito, né cancellato dal Pra.

Se, invece, la vendita è stata conclusa prima dell'iscrizione del fermo, purché ci sia un atto con data certa anteriore, la transazione è salva e l'Agenzia delle entrate-Riscossione, dopo aver ricevuto una comunicazione da parte dell'Aci, cancellerà gratuitamente il fermo amministrativo entro dieci giorni.

Quando un fermo amministrativo può dirsi illegittimo ed è possibile annullarlo.

Per fortuna le ipotesi e i profili per i quali è possibile sospendere e annullare un fermo amministrativo sono molteplici ed è importante che tu ne conosca i principali.

Ti descriverò in primo luogo quali sono i termini che l'agente della riscossione deve rispettare quando ti notifica un fermo amministrativo ma anche gli atti precedenti e successivi ad esso. Poi ti elencherò le altre tipologie di vizi che potrai verificare tu stesso quando ricevi il provvedimento di fermo.

Vizi ricorrenti relativi alla violazione dei termini previsti dalla legge.

• Fermo amministrativo iscritto prima dei 90 giorni dalla notifica dell'avviso di accertamento esecutivo (art. 29 D.lgs. 78/2010).

• Fermo amministrativo iscritto prima dei 60 giorni dalla data di notifica della cartella di pagamento o dell'avviso di addebito dell'Inps con valore esecutivo (art. 50 Dpr 602/73).

• Fermo amministrativo iscritto nei registri del Pra prima che siano trascorsi 30 giorni dalla notifica del preavviso di fermo amministrativo (art. 86 Dpr 602/73).

• Fermo amministrativo iscritto nei registri del Pra oltre 180 giorni dalla notifica dell'intimazione di pagamento (art. 50 Dpr 602/73).

Vizi relativi alla mancata o errata notifica degli atti presupposti.

• Fermo amministrativo iscritto nei registri del Pra non preceduto dalla notifica o dalla corretta notifica delle cartelle di pagamento/avvisi di accertamento esecutivi/avvisi di addebito dell'Inps con valore esecutivo oppure degli atti presupposti alle cartelle stesse.

• Fermo amministrativo azionato in assenza della notifica o per errata notifica del preavviso di fermo amministrativo (si veda sentenza Corte di Cassazione n. 4569/2017).

• Fermo amministrativo azionato da un ufficio territorialmente incompetente (si veda sentenza Corte di Cassazione n. 8049/2017).

Vizi relativi alla violazione dei termini di prescrizione.

• Avviso di fermo amministrativo che, in assenza di idonei atti interruttivi, si riferisce a cartelle di pagamento/avvisi di accertamento esecutivi/ avvisi di addebito dell'Inps con valore esecutivo prescritti (si veda il capitolo sui super segreti).

Come eliminare il fermo amministrativo che ha a oggetto un veicolo strumentale all'attività lavorativa.

Se hai un'azienda o sei un libero professionista e il veicolo è un mezzo "strumentale" per la tua attività lavorativa, bada bene che hai la possibilità, qualora ti venga iscritto un fermo amministrativo su uno di questi veicoli, di annullare il provvedimento di fermo.

Il fermo amministrativo su di un bene strumentale alla propria attività lavorativa può essere ad esempio un taxi per il tassista, un camion per un autotrasportatore o il veicolo aziendale per l'agente di commercio.

Per ottenere l'annullamento dovrai, ai sensi dell'art. 86 comma 2 Dpr 602/73, presentare agli sportelli dell'Agenzia delle entrate-

17

Riscossione, oppure inviare a mezzo raccomandata a/r il modello F2 "Istanza di annullamento preavviso fermo bene strumentale", ovviamente, come ti dicevo poc'anzi, oltre a compilare l'apposito modulo, occorre fornire la prova della strumentalità del bene alla tua attività lavorativa.

Se l'istanza dovesse essere respinta, non perderti d'animo perché potrai sempre rivolgerti direttamente al tribunale competente inoltrando un apposito ricorso che, con molta probabilità, verrà valutato positivamente dal giudice permettendoti nuovamente di utilizzare il tuo veicolo.

Come eliminare il fermo amministrativo che ha a oggetto un veicolo adibito o destinato a uso di persone diversamente abili. Se il tuo veicolo è adibito o destinato a uso di persone diversamente abili, l'Agenzia delle entrate-Riscossione non può iscrivere il fermo amministrativo e se iscritto, deve provvedere alla cancellazione.

Per cancellare il fermo dovrai presentare agli sportelli dell'Agenzia delle entrate-Riscossione, oppure inviare a mezzo raccomandata a/r, il modello F3 "Istanza di annullamento preavviso-cancellazione fermo bene ad uso persona diversamente abile", allegando anche la documentazione necessaria per attestare l'utilizzo del veicolo per il trasporto di persone diversamente abili.

Nel caso in cui l'istanza fosse rigettata, non ti resterà che proporre un ricorso giurisdizionale.

Come "sospendere" il fermo amministrativo e circolare.
Se esaminando i documenti a tua disposizione non rinvieni nessun vizio che ti ho elencato sopra per poter cancellare il fermo amministrativo, è possibile comunque richiedere la sospensione del provvedimento di fermo amministrativo facendo domanda di rateizzazione, pagando la prima rata, o domanda di definizione agevolata (rottamazione bis).

In questo modo avrai la possibilità di circolare con il veicolo finché non avrai pagato integralmente il debito. Ricorda però che solo con il pagamento integrale del debito il fermo amministrativo può essere definitivamente cancellato.

Con il pagamento della prima rata della rateizzazione o con la domanda di rottamazione bis AeR (Agenzia delle entrate-Riscossione) provvede a rilasciare un apposito documento contenente il proprio consenso all'annotazione della sospensione del fermo, che dovrai presentare direttamente al Pra.

RIEPILOGO DEL CAPITOLO 1:

Ecco i vizi più ricorrenti per presentare un ricorso in tribunale per ottenere la cancellazione del fermo amministrativo:

- SEGRETO n. 1: termini (date) di ricezione del fermo.
- SEGRETO n. 2: mancata notifica degli atti presupposti al fermo (esempio: irregolare notifica delle cartelle di pagamento per cui è stato iscritto il fermo).
- SEGRETO n. 3: prescrizione delle cartelle di pagamento per cui è stato iscritto il fermo.
- SEGRETO n. 4: veicolo strumentale all'attività lavorativa o adibito o destinato a uso di persone diversamente abili.

Per accedere ai modelli di ricorso, ai documenti citati, ai video e agli altri bonus pensati in esclusiva per te, vai alla pagina delle Conclusioni di questo libro, in cui troverai un link per accedere all'area *membership*.

Capitolo 2:
Come annullare l'ipoteca

Mossa 2.

In occasione della vendita del tuo appartamento hai scoperto l'esistenza di un'ipoteca dovuta a un debito con l'Agenzia delle entrate-Riscossione? Ti è arrivata una comunicazione di iscrizione ipotecaria sulla tua casa?

Hai ricevuto un preavviso d'iscrizione ipotecaria con cui AeR ti invita al pagamento del debito o in mancanza, entro 30 giorni, verrà iscritta un'ipoteca sui tuoi immobili?

È certamente comprensibile lo stato d'ansia e di agitazione che può derivare da tali scoperte o circostanze, ma, come ti ho chiarito in premessa e come ti preciserò meglio nel prosieguo, è possibile che il preavviso di ipoteca esattoriale o un'ipoteca già iscritta non siano legittime.

I rimedi a tale situazione ci sono e concretamente è possibile annullare quanto sopra. Proprio come è accaduto alla signora Caterina, che dopo aver ricevuto un avviso d'iscrizione ipotecaria sulla propria abitazione, terrorizzata all'idea di perdere l'unica casa, della quale stava ancora pagando il mutuo dopo tantissimi sacrifici, è corsa da me.

Dopo aver visionato tale avviso e aver ricostruito l'accaduto, seppur con difficoltà, dato il suo stato d'animo, le ho consigliato di opporci immediatamente a tale illegittimo avviso di iscrizione ipotecaria che presentava diversi vizi, e abbiamo così ottenuto dopo poche settimane la sospensione della procedura, e dopo qualche mese l'annullamento dell'iscrizione ipotecaria!

Inutile dirti cosa significhi sentirsi nuovamente padroni della propria abitazione!

Adesso, con ordine, ti spiegherò dapprima in cosa consiste l'iscrizione ipotecaria, e poi vedremo in concreto i vari profili di illegittimità dell'operato dell'agente della riscossione.

23

Che cos'è l'ipoteca esattoriale e cosa comporta.

Nel caso di mancato pagamento delle somme richieste mediante cartelle esattoriali oppure intimazioni di pagamento per somme eccedenti i 20.000 euro (ventimila), capita sovente che l'agente della riscossione proceda all'iscrizione di un'ipoteca esattoriale sull'immobile di proprietà del contribuente.

L'ipoteca esattoriale altro non è che una misura finalizzata alla tutela del credito, oggi disciplinata dall'art. 77 del Dpr n. 602/73.

Il procedimento per l'iscrizione ipotecaria può essere attivato dal concessionario decorsi 60 giorni dalla notifica della cartella di pagamento o addebito Inps con valore esecutivo, o 90 dalla notifica dell'accertamento "esecutivo", per una somma pari al doppio dell'importo complessivo per il quale si procede.

Occorre, inoltre segnalare che oggi – a seguito dell'entrata in vigore del D.lgs. 69/2013 – l'iscrizione ipotecaria può avvenire anche sull'unico immobile di proprietà del contribuente. Pertanto, anche la prima e unica

casa di un contribuente può essere ipotecata e
perfino pignorata (si veda il capitolo 3).

Quando un'iscrizione ipotecaria può dirsi illegittima ed è possibile annullarla?

I principali e più ricorrenti profili di illegittimità dell'iscrizione ipotecaria posta in essere dall'Agenzia delle entrate-Riscossione riguardano innanzitutto i termini e le tempistiche che l'agente della riscossione deve rispettare quando intende notificare un preavviso di iscrizione ipotecaria.

Successivamente, saranno elencati anche tutti i vizi formali che provocano la nullità dell'iscrizione ipotecaria.

Vizi ricorrenti relativi alla violazione dei termini previsti dalla legge.

• Iscrizione ipotecaria azionata prima dei 90 giorni dalla notifica dell'avviso di accertamento esecutivo (art. 29 D.lgs. 78/2010).

• Iscrizione ipotecaria azionata prima dei 60 giorni dalla data di notifica della cartella di pagamento o dell'avviso di addebito dell'Inps con valore esecutivo (art. 50 Dpr 602/1973).

● Iscrizione ipotecaria azionata oltre i 12 mesi dalla data di notifica della cartella di pagamento/avviso di accertamento esecutivo/ avviso di addebito esecutivo Inps, o di qualunque atto successivo senza aver notificato un'ulteriore intimazione di pagamento (art. 50 Dpr 602/1973).

● Iscrizione ipotecaria azionata oltre i 180 giorni dalla notifica dell'intimazione di pagamento (art. 50 Dpr 602/1973).

● Iscrizione ipotecaria effettuata prima dei 30 giorni dalla notifica del preavviso di iscrizione.

Vizi relativi alla mancata o errata notifica dell'atto di iscrizione ipotecaria o degli atti prodromici.

● Mancata o errata notifica di uno degli atti indicati nell'art. 50 Dpr 602/1973, ossia l'avviso di accertamento esecutivo, avviso di addebito Inps, cartella esattoriale e intimazione di pagamento (si veda il capitolo 7).

● Mancata o errata notifica del preavviso di iscrizione ipotecaria (art. 77 Dpr 602/73) necessario affinché l'iscrizione ipotecaria possa dirsi valida (Corte di Cassazione, sentenza n. 969 del 17-1-2018).

• Mancata o errata notifica dell'iscrizione ipotecaria; (Corte di Cassazione, sentenza n. 969 del 17-1-2018).

• Mancata o errata notifica dell'intimazione ad adempiere (Corte di Cassazione, sentenza n. 4587 depositata in data 22 febbraio 2017).

Nello specifico, la Corte ha considerato che "le Sezioni unite (sentenza Cassazione Sezioni unite n. 19667/2014, ma, in senso analogo, Cassazione n. 23875/2015) abbiano esplicitamente riconosciuto che spetta al giudice qualificare giuridicamente la tesi del contribuente, che ha comunque dedotto la nullità della iscrizione di ipoteca a causa della mancata instaurazione del contraddittorio" dovuto alla mancata o errata notifica dell'intimazione ad adempiere.

Vizi relativi alla violazione degli importi minimi al di sotto del quale l'iscrizione ipotecaria è illegittima.

• Iscrizione effettuata per un debito inferiore a 20.000 euro.

• Iscrizione ipotecaria sproporzionata rispetto al credito fiscale, ai sensi dell'art. 77 Dpr 602/1973, l'importo per il quale può essere iscritta l'ipoteca deve essere pari al doppio dell'importo complessivo del credito per cui si procede.

Questo importo è il limite massimo, affinché sia rispettato il principio di proporzionalità tra il debito del contribuente per cui si procede al recupero, e il valore per il quale il bene viene ipotecato (Commissione tributaria regionale del Lazio, sentenza n.5092/2017).

Vizi relativi alla carente motivazione dell'iscrizione ipotecaria.

Preavviso o avviso di iscrizione ipotecaria non adeguatamente motivato che permetta al contribuente di conoscere il dettaglio del tributo o pretesa dalla quale sorge il debito; infatti il preavviso e l'avviso di iscrizione devono contenere a pena di nullità:

- l'identificazione dell'immobile (estremi catastali);
- l'indicazione della somma per la quale l'ipoteca è iscritta;
- il valore dell'immobile compresa la relativa rendita catastale;
- il prospetto dettagliato degli atti impositivi alla base dell'iscrizione;

● il termine entro il quale si può proporre opposizione e il giudice al quale proporla.

Nullità dell'ipoteca per prescrizione degli atti presupposti.

● L'iscrizione ipotecaria che, in assenza di idonei atti interruttivi, si riferisce a cartelle di pagamento/avvisi di accertamento esecutivi/avvisi di addebito dell'Inps con valore esecutivo prescritti (si veda il capitolo sui super segreti).

Come e perché impugnare il Preavviso di iscrizione ipotecaria.

Anche la comunicazione preventiva di iscrizione ipotecaria (più semplicemente preavviso di ipoteca) notificata dall'Agenzia delle entrate-Riscossione può essere impugnata con ricorso al giudice competente, da determinarsi sulla base della tipologia di crediti delle cartelle esattoriali e al loro valore (si veda sentenza della Corte di Cassazione n. 9797/2016).

Si tratta, infatti, di un atto autonomamente impugnabile rispetto alla vera e propria iscrizione d'ipoteca in quanto rientra tra gli atti adottati dall'ente impositore che, con l'indicazione delle concrete ragioni (di fatto e di diritto) che la sorreggono, porta comunque a conoscenza del contribuente una ben individuata pretesa creditoria.

Pertanto, nel caso in cui tu abbia appreso dell'esistenza di determinate cartelle esattoriali solo al momento della notifica della comunicazione preventiva dell'iscrizione ipotecaria, tale atto risulta legittimamente impugnabile, al fine di far valere i vizi commessi dall'ente della riscossione.

La Giurisprudenza ha evidenziato la possibilità di poter ricorrere a seconda dei diversi profili di legittimità, o al giudice dell'esecuzione, o al giudice competente in materia di tributo (quindi in linea generale alla Commissione Tributaria Provinciale competente per i crediti erariali, il Giudice del Lavoro per i crediti previdenziali e il Giudice di Pace per le contravvenzioni).

RIEPILOGO DEL CAPITOLO 2:

I profili d'illegittimità sono molteplici e non sempre facilmente ravvisabili, ma grazie ai miei consigli ora sai quali sono:

- SEGRETO n. 1: termini (date) di ricezione dell'iscrizione ipotecaria.
- SEGRETO n. 2: mancata notifica degli atti presupposti all'iscrizione ipotecaria (irregolare notifica delle cartelle di pagamento per cui è stata iscritta l'ipoteca).
- SEGRETO n. 3: prescrizione delle cartelle di pagamento per cui è stata iscritta l'ipoteca.

Per accedere ai modelli di ricorso, ai video e agli altri bonus pensati in esclusiva per te, vai alla pagina:

www.cfclegal.it/libroaer.

Capitolo 3:
Come annullare il pignoramento

Mossa 3.

Ti sei recato presso uno sportello bancomat e ti sei accorto di non poter prelevare perché il tuo conto corrente è bloccato? Il tuo datore di lavoro ti ha informato che ti hanno pignorato un quinto dello stipendio? Un tuo cliente ti ha avvisato che non può pagarti la fattura perché gli è stato notificato un pignoramento presso terzi?

Un ufficiale giudiziario ha bussato alla tua porta per pignorare i mobili di casa o i macchinari in azienda? Ti hanno messo all'asta la "prima casa" che pensavi fosse impignorabile?

Pignoramento del conto corrente, dello stipendio, della pensione, dei macchinari e peggio di tutto della "prima casa"... e ora che posso fare? Come hai già avuto modo di vedere precedentemente, spesso (fortunatamente per te) l'Agenzia delle entrate-Riscossione

(Aer) commette diversi errori, così come è capitato nel giugno 2017 alla signora Barbara che dopo uno spavento iniziale e un senso di impotenza, si è rivolta a me raccontandomi di aver ricevuto un pignoramento sul proprio conto corrente dove ogni mese il suo datore di lavoro le accreditava lo stipendio.

Barbara ha così deciso di affidarsi a me per la proposizione di un ricorso in opposizione a tale pignoramento. A distanza di qualche settimana, il giudice, ravvisando l'illegittimità dell'atto lo sospendeva e ordinava all'AeR di depositare la documentazione necessaria al fine di verificare la correttezza della procedura, con tutta la documentazione in originale.

L'AeR, non ottemperando a tale onere, ma producendo solo mere copie fotostatiche, è stata condannata, il pignoramento definitivamente annullato con la possibilità per Barbara di poter riutilizzare pienamente il conto corrente e senza più la paura di vederselo pignorare.

Anche se hai ricevuto un pignoramento è quindi ancora possibile intervenire.

33

Ora, con ordine, ti spiegherò dapprima in che cosa consista il pignoramento, e poi vedremo in concreto i vari profili di illegittimità dell'operato dell'agente della riscossione.

Cos'è un pignoramento.

Il pignoramento è l'atto con il quale l'Agenzia delle entrate-Riscossione pone in essere un'azione esecutiva nei confronti del debitore, bloccando i suoi beni per riscuotere il debito che ha con il fisco.

Tali beni possono essere:
- beni mobili personali
- beni mobili aziendali
- beni immobili.

Beni mobili personali e aziendali.

In questo caso il pignoramento viene eseguito direttamente dagli ufficiali della riscossione che si recano presso l'abitazione del debitore persona fisica, o presso l'azienda del debitore imprenditore, artigiano o professionista per individuare i beni da pignorare e successivamente venderli all'asta tramite delle società esterne specializzate.

Beni non pignorabili.

I beni in possesso del debitore che non possono essere oggetto di pignoramento ("beni impignorabili") sono ai sensi dell'articolo 514 del Codice di procedura civile, oggetti personali (esempio vestiti, letti, tavoli, armadi) e alcuni beni aziendali nello specifico strumentali, quindi beni indispensabili all'attività aziendale che varieranno a seconda dell'attività svolta (ad esempio la scrivania per il professionista, i macchinari per l'artigiano ecc.).

Pignoramento presso terzi.

Il pignoramento, però, oltre che sui beni detenuti da te personalmente può essere effettuato anche sui beni a te riferibili detenuti da soggetti terzi, ad esempio:

• le somme sul conto corrente bancario

• lo stipendio

• la pensione

• crediti verso clienti.

In questo caso, si parla di pignoramento presso terzi che

attualmente è la forma più odiosa di azione esecutiva effettuata da AeR nei confronti dei contribuenti. Considera che con i nuovi poteri dell'Agenzia delle entrate-Riscossione è molto più facile avere tanti dati da incrociare.

Diciamo pure che con il tuo Codice fiscale e Partita Iva adesso sanno davvero tutto: dai conti correnti, alle carte di credito ricaricabili, ai tuoi clienti... insomma, sanno perfettamente come e cosa andare a prendere e pignorare.

Con l'atto di pignoramento presso terzi si informa il debitore che il proprio debito verrà riscosso presso il terzo pignorato, il quale pagherà direttamente all'ente riscossore una determinata somma, quindi ad esempio un tuo cliente pagherà direttamente l'AeR invece di pagare te.

Ma attenzione perché il pignoramento presso terzi effettuato da Equitalia/AeR disciplinato dall'art. 72-bis Dpr 602/73, come dicevo, è molto più aggressivo della procedura generale disciplinata dal Codice di Procedura Civile, libro esecuzioni, all'art. 543.

Il pignoramento presso terzi eseguito da AeR non prevede, infatti, alcuna garanzia per il debitore esecutato (ci sono anche dubbi di costituzionalità) il quale non riceve alcun avviso preventivo sul fatto che sia in corso il pignoramento, che verrà eseguito direttamente dall'Agenzia delle entrate-Riscossione nei confronti del terzo pignorato (istituto bancario, datore di lavoro, cliente o ente che eroga la pensione della persona in oggetto).

Inoltre, cosa ancora più grave, non c'è alcun tribunale che preventivamente decida sulla legittimità dell'azione esecutiva come avviene nella procedura normale di pignoramento presso terzi, disciplinata dal Codice di Procedura Civile.

Pertanto, il debitore subisce l'azione esecutiva senza alcun preavviso e senza potersi difendere e solo ormai a pignoramento avvenuto, e, quindi, quando ormai il danno è stato subito il contribuente può eventualmente azionare delle opposizioni a sua difesa presso il tribunale.

Importi pignorabili per stipendi e pensioni.
Le somme (stipendio e pensione) dovute dal terzo (datore di

lavoro privato o pubblico) non sono pignorabili per intero ma, ai sensi dell'art. 72 ter del Dpr 602/73 e dell'art. 545 del Codice di Procedura Civile, hanno i seguenti limiti:

- 1/10 per importi fino a 2.500 euro
- 1/7 per importi da 2.500 fino a 5.000 euro
- 1/5 per importi superiori a 5.000 euro.

In caso della sola pensione, bisogna poi considerare che risulta sempre impignorabile un ammontare corrispondente alla misura mensile dell'assegno sociale, aumentato della metà per un totale di 679,50 euro (per il 2018 assegno sociale pari a 453 euro aumentato della metà per 226,50 euro).

Pertanto, per determinare la parte pignorabile, bisognerà sottrarre alla pensione la cifra di euro 679,50 e sull'eccedenza calcolare 1/10, 1/7 o un 1/5.

Se AeR dovesse procedere al pignoramento direttamente delle somme sul conto corrente, esisterebbero anche altri limiti: infatti il terzo pignorato (la banca) non dovrà corrispondere nulla dell'ultimo stipendio o pensione accreditata sul conto corrente, mentre, dal mese successivo, i limiti sono quelli sopra individuati.

Inoltre, qualora al momento del pignoramento del conto corrente ci fosse un saldo attivo, il pignoramento potrà avvenire solo per la parte eccedente il triplo dell'assegno sociale, quindi per la parte eccedente 1.359 euro (per il 2018 assegno sociale pari a 453 euro).

Pignoramento di beni immobili: anche la "prima casa"?
Mi dispiace darti una brutta notizia, ma ai sensi dell'art. 76 del Dpr 602/73 non è assolutamente vero che la "prima casa" sia impignorabile. Mi spiego meglio.

Spesso si fa confusione tra "prima casa", per la quale magari abbiamo usufruito di alcune agevolazioni, e "unica casa". Ecco, è solo in questo secondo caso e a certe condizioni che adesso ti elenco, che la casa non è pignorabile.

AeR non potrà pignorare la casa solo se si verificano insieme queste 4 condizioni:
• l'abitazione è l'unica (quindi se possiedo una "prima casa"

e una casa al mare o un terreno, la "prima casa", non essendo l'unico immobile, sarà pignorabile);

● il contribuente ha la residenza nella casa (quindi, se non risiedi in quella casa, e magari la dai in affitto, sarà pignorabile);

● adibita a uso abitativo (quindi se è adibita a uso ufficio sarà pignorabile);

● la casa non sia di lusso (ossia non sia accatastata come villa, categoria A/8, castello o palazzo di eminenti pregi artistici e storici, categoria A/9).

Se non ricorrono tutte le condizioni appena viste, AeR potrà procedere con il pignoramento dell'immobile solo se:

● il debito verso il fisco per cui si procede è superiore ai 120.000 euro (centoventimila);

● se è stata iscritta ipoteca;

● se sono trascorsi più di 6 mesi dall'iscrizione dell'ipoteca.

Ultima condizione per AeR per procedere con il pignoramento immobiliare è che: il valore dei beni immobili sia superiore a 120.000 euro (centoventimila).

Fai molta attenzione, perché ai sensi dell'art. 85 del Dpr 602/73 il pignoramento immobiliare da parte di AeR comporta che, dopo la terza asta non andata a buon fine, il bene sarà assegnato allo Stato.

Questo, a differenza dei pignoramenti immobiliari fatti dai privati, prevede che dopo la quarta asta non andata a buon fine il pignoramento si cancelli.

Come "sospendere" un pignoramento o un'esecuzione immobiliare.

Ai sensi dell'art. 19 del Dpr 602/73, è possibile richiedere la sospensione del provvedimento di pignoramento del conto corrente, dello stipendio o della pensione o di altri beni, o la sospensione di un'esecuzione immobiliare, richiedendo la rateizzazione pagando la prima rata o richiedendo la definizione agevolata (rottamazione bis).

Ricorda, però che, solo con il pagamento integrale del debito, il pignoramento e l'esecuzione immobiliare (sempre che ovviamente non vi siano altri creditori istanti) possono essere definitivamente cancellati.

41

Con il pagamento della prima rata, per la rateizzazione, o con la domanda di definizione agevolata (rottamazione bis) si determina l'impossibilità da parte dell'agente della riscossione di proseguire le procedure di recupero coattivo precedentemente avviate, a condizione che non si sia ancora tenuto l'incanto con esito positivo o non sia stata presentata istanza di assegnazione, ovvero il terzo non abbia reso dichiarazione positiva o non sia stato già emesso provvedimento di assegnazione dei crediti pignorati (art. 19 Dpr 602/73).

Quando un pignoramento può dirsi illegittimo e quindi è possibile annullarlo?

Le ipotesi e i profili di illegittimità e/o nullità di un pignoramento effettuato dall'Agenzia delle entrate-Riscossione sono molteplici; anche in questo caso ti indicherò prima quali sono i termini che l'agente della riscossione deve rispettare e poi via via tutti gli altri vizi formali.

Vizi ricorrenti relativi alla violazione dei termini previsti dalla legge.
- Pignoramento azionato prima dei 90 giorni dalla notifica

dell'avviso di accertamento esecutivo (art. 29 D.lgs. 78/2010).

• Pignoramento azionato prima dei 60 giorni dalla data di notifica della cartella di pagamento/avviso di addebito Inps con valore esecutivo (art. 50 Dpr 602/1973).

• Pignoramento azionato oltre 12 mesi dalla data di notifica della cartella di pagamento/avviso di accertamento/avviso di addebito Inps o di qualunque atto successivo (ad esempio: intimazione di pagamento) senza aver notificato un'intimazione al pagamento entro 5 giorni (art. 50 Dpr 602/73).

• Pignoramento azionato oltre 180 giorni dalla data di notifica dell'intimazione di pagamento (art. 50 Dpr 602/73).

• Nel caso di pignoramento di beni presso il debitore se nei 200 giorni successivi non si procede al primo incanto lo stesso diviene inefficace e pertanto si annulla (art. 53 Dpr 602/73).

• Pignoramento immobiliare azionato prima di 6 mesi dall'iscrizione dell'ipoteca (art.76 Dpr 602/73).

Vizi relativi alla mancata o errata notifica degli atti presupposti

• Mancata o errata indicazione nell'atto di pignoramento dell'elenco preciso dei crediti per cui si procede (si veda sentenza

Corte di Cassazione n. 26519/2017).

● Mancata o errata notifica di uno degli atti indicati nell'art. 50 Dpr 602/73, ossia l'avviso di accertamento, avviso di addebito, cartella esattoriale e intimazione di pagamento (si veda il capitolo 7).

Vizi relativi al difetto di motivazione dell'atto.

● L'atto di pignoramento e le pretese ivi contenute, ossia le cartelle di pagamento e gli atti presupposti, devono essere adeguatamente motivati come previsto dall'art. 6 del D.M. n. 321/1999, costituito dagli elementi che devono essere elencati nel ruolo ai sensi dell'art. 1, commi 1 e 2 dello stesso D.M. n. 321/1999, nonché dallo Statuto del contribuente all'art. 7.

In difetto di tale requisito, l'atto di pignoramento è nullo, così come chiarito dalla Corte di Cassazione (sentenza n. 26519/17).

La mancata indicazione dettagliata dei crediti, della loro natura, degli importi, delle relative cartelle e delle date di notifica costituisce grave motivo di illegittimità del pignoramento, da contestare in sede di opposizione agli atti esecutivi.

Vizi relativi alla violazione dei termini di prescrizione degli atti presupposti il pignoramento.

Il pignoramento che, in assenza di idonei atti interruttivi, si riferisce a cartelle di pagamento/avvisi di accertamento esecutivi/avvisi di addebito dell'Inps con valore esecutivo prescritti (si veda il capitolo sui super segreti).

Termini per fare opposizione al pignoramento.

I termini per fare opposizione al pignoramento sono veramente brevi, ovvero solo 20 giorni dalla notifica dell'atto per debiti Inps o contravvenzione del codice della strada (60 giorni negli altri casi), decorsi i quali non avrai più alcun modo di difenderti: ecco perché è davvero importante non attendere e affrontare immediatamente il problema con un legale specializzato.

RIEPILOGO DEL CAPITOLO 3:

Ti riepilogo i principali errori commessi da AeR che ti potranno permettere di combattere gli odiosi pignoramenti:

- SEGRETO n. 1: termini (date) di ricezione del pignoramento.
- SEGRETO n. 2: mancata o errata notifica degli atti presupposti al pignoramento (mancata o irregolare notifica delle cartelle di pagamento per cui è stato eseguito il pignoramento).
- SEGRETO n. 3: importi impignorabili di stipendi, pensioni e immobili.
- SEGRETO n. 4: difetto di motivazione con elencazione precisa di dati relativi al pignoramento.
- SEGRETO n. 5: beni impignorabili personali e aziendali.
- SEGRETO n. 6: prescrizione delle cartelle di pagamento, avvisi di accertamento o avvisi di addebito Inps per cui è stato eseguito il pignoramento.

Per accedere ai modelli di ricorso, ai video e agli altri bonus pensati in esclusiva per te, vai alla pagina:

www.cfclegal.it/libroaer.

Capitolo 4:
Come annullare la cartella di pagamento

Mossa 4.

Hai ricevuto una cartella di pagamento relativa a un debito di cui non conoscevi l'esistenza? Ti è stata notificata una cartella di pagamento relativa a tasse e imposte risalenti a molti anni fa? Hai ricevuto una cartella di pagamento della quale il contenuto non ti è chiaro?

Nel mese di Giugno 2017, il signor Angelo, un imprenditore edile, mi contattava dopo aver ricevuto una cartella di pagamento per circa 65.000 euro relativa a Ires del 2010. Era davvero preoccupato, in quanto era già andato dal suo commercialista che gli aveva consigliato di rateizzare il debito.

Purtroppo Angelo era già piuttosto in difficoltà con i pagamenti degli stipendi e aveva alcuni problemi con la banca. Non ci siamo persi d'animo e dopo aver analizzato la cartella e ricostruito il tutto abbiamo fatto ricorso innanzi alla Commissione Tributaria Provinciale, trattandosi di una cartella contenente un mancato pagamento di Ires.

A distanza di pochi mesi il giudice, rilevando che la cartella era illegittima in quanto Equitalia-AeR era decaduta dal diritto di notificare la stessa, ha accolto il nostro ricorso e ha annullato il debito. È successo esattamente questo!

Da un lato sono davvero contento che siamo riusciti ad aiutare un altro imprenditore, ma dall'altro sono dispiaciuto per tutti gli altri imprenditori e professionisti che magari ascoltando dei consigli sbagliati, del tipo "contro AeR non si può fare nulla se non pagare" si trovano in serie difficoltà perdendo, magari, oltre alla propria attività anche la serenità.

Adesso ti illustrerò quali sono i principali vizi che potrai riscontrare insieme al tuo legale specializzato per fare opposizione alle cartelle di pagamento. Credimi, sono vizi che potranno aiutarti in maniera concreta. Ti consiglio di prestare molta attenzione ai prossimi suggerimenti.

Cos'è una cartella di pagamento?

La cartella di pagamento, o cartella esattoriale, è l'atto (normalmente di colore bianco e blu), che l'Agenzia delle entrate-Riscossione utilizza per recuperare i crediti vantati dagli enti creditori (Agenzia delle entrate ad esempio per Iva, Irpef, Ires ecc., Inps per i contributi previdenziali, Comuni per le contravvenzioni ecc.).

Con la cartella di pagamento l'agente riscossore (spesso AeR) comunica al contribuente la somma da pagare entro 60 giorni dalla data di ricezione (notifica), decorsi i quali, l'agente riscossore può procedere all'esecuzione forzata al fine di recuperare le somme richieste.

Attenzione, però. Ti devo precisare che con gli artt. 29 e 30 del D.lgs. 78/2010, per alcuni tipi di tributi in alcuni casi, è stato sostanzialmente abolito il sistema di riscossione così come te l'ho spiegato.

Infatti, questa nuova procedura si applica agli avvisi di accertamento esecutivi (diventano esecutivi dopo 90 giorni dalla notifica) in materia di imposte dirette (Irpef e Ires), Irap e Iva e agli avvisi di addebito Inps (esecutivi dopo 60 giorni dalla notifica) emessi dal 1° ottobre 2011 e relativi ai periodi d'imposta in corso alla data del 31 dicembre 2007 e successivi, nonché ai connessi provvedimenti d'irrogazione delle sanzioni.

In sostanza, per questi tipi di avvisi di accertamento e avvisi di addebito non è più necessario inviare la cartella di pagamento, perché l'agente della riscossione possa iniziare l'esecuzione forzata, in quanto gli stessi hanno già valore esecutivo.

L'invio di una successiva cartella esattoriale pertanto diviene soltanto eventuale. Per quanto riguarda comunque le attività di successiva iscrizione a ruolo del debito e successiva riscossione, gli articoli 29 e 30 del D.lgs. 78/2010 rimandano direttamente alle norme previste dalle disposizioni che disciplinano la riscossione a mezzo ruolo e di cui ti ho parlato in tutti i capitoli precedenti.

Per cui, se ricevi un avviso di accertamento esecutivo o un avviso di addebito Inps, devi stare molto attento perché significa che, nel primo caso trascorsi 90 giorni dalla sua notifica (come ti ho spiegato 60 giorni per un eventuale ricorso, più ulteriori 30 giorni per l'invio dell'atto all'agente della riscossione) e nel secondo caso solo 60 giorni dalla sua notifica, potrai subire immediatamente l'esecuzione forzata sul tuo patrimonio (ad esempio un pignoramento del conto corrente, un fermo amministrativo o un'iscrizione ipotecaria).

Per quanto riguarda invece i vizi per poter impugnare la cartella di pagamento, il fermo amministrativo, l'iscrizione ipotecaria, il pignoramento e l'intimazione di pagamento restano quelli che ti ho spiegato nei capitoli precedenti.

Qualora tu riceva un avviso di accertamento esecutivo (non vale per l'avviso di addebito dell'Inps) il consiglio che posso darti è quello di attendere fino al sessantesimo giorno e poi richiedere un accertamento per adesione all'ente creditore (ad esempio Agenzia delle entrate), magari facendoti assistere da un legale specializzato, in modo da sospendere la riscossione per ulteriori 90 giorni.

Alla scadenza del termine di 90 giorni, potrai impugnare l'avviso di accertamento esecutivo innanzi alla Commissione tributaria competente, usufruendo così di un ulteriore termine legale di sospensione pari a 180 giorni dalla proposizione del ricorso, così come previsto dall'art. 29 del D.lgs. 78/2010.

Facendo come ti ho spiegato, richiedendo quindi un accertamento con adesione e poi impugnando l'avviso di accertamento esecutivo, riuscirai a sospendere in concreto l'esecuzione forzata del debito oggetto dell'avviso di accertamento per circa un anno (60 giorni iniziali + 90 giorni tramite l'accertamento per adesione + 180 giorni con la sospensione legale a seguito di ricorso). Fermo restando che potrai utilizzare tutti i consigli che ti sto dando in questo libro: ad esempio per decadenza o per vizi relativi al contenuto minimo o per vizi relativi ai termini, per poter vincere il ricorso e annullare l'avviso di accertamento esecutivo.

Quando una cartella di pagamento può dirsi illegittima e quindi è possibile annullarla.

Le ipotesi e i profili che rendono nulla e non dovuta una cartella di pagamento inviata dall'Agenzia delle entrate-Riscossione sono molteplici, ma è importante che tu conosca i principali e i più ricorrenti per poterti difendere.

Vizi relativi alla violazione del contenuto obbligatorio della cartella di pagamento.

Fai molta attenzione a quanto sto per dirti, perché spesso le cartelle di pagamento omettono alcuni dati obbligatori che le possono rendere, a seguito di un ricorso fatto da un legale specializzato, nulle.

Ai sensi dell'art. 25 del Dpr 602/73, del decreto dirigenziale del 28 giugno 1999 e dell'approvazione del nuovo modello di cartella di pagamento obbligatorio per i ruoli consegnati agli agenti della riscossione a decorrere dal 1° luglio 2017 (Agenzia delle entrate prot. 0134363 del 14 luglio 2017), la cartella di pagamento deve contenere, a pena di nullità, tutti questi elementi:

• Indicazione del responsabile del procedimento di iscrizione a ruolo, di emissione e di notificazione della cartella.

• L'intimazione ad adempiere entro 60 giorni con l'avvertimento che in mancanza si procederà a esecuzione forzata.

• Istruzioni per il pagamento (ad esempio online sul sito

dell'AeR, con l'home banking, alle poste, allo sportello ecc.) e modalità di rateizzazione.

• Modalità (Tribunale Ordinario Sezione Lavoro, Commissione Tributaria Provinciale ecc.) e termini (20 giorni, 60 giorni ecc.) per impugnare la cartella di pagamento.

• La data in cui il ruolo è stato reso esecutivo.

• I dati anagrafici con codice fiscale del debitore.

• L'ente creditore.

• Le somme da pagare.

Cosa sono e a cosa servono i termini di decadenza dal potere di riscossione.

Per decadenza s'intende il termine entro il quale l'agente della riscossione è obbligato a notificarti la cartella di pagamento o altro avviso, superato il quale la cartella di pagamento è nulla e non può più essere riscossa.

Pertanto, ogni volta che riceverai una nuova cartella di pagamento, dovrai immediatamente andare a verificare i termini che ti indicherò di seguito e controllare che l'agente della riscossione non abbia notificato la cartella oltre i termini indicati.

Attenzione, perché capita davvero spessissimo che l'ente creditore o l'agente della riscossione a causa di problemi organizzativi interni inviino la cartella di pagamento oltre i termini di decadenza previsti dalla legge.

Se controllando la cartella esattoriale ricevuta noterai che hanno violato i termini di decadenza, devi rivolgerti immediatamente a un legale specializzato per proporre un ricorso o provare in autotutela (si veda attentamente il capitolo 8).

I termini di impugnazione infatti sono molto stretti e a seconda della tipologia di debito possono essere di 20 giorni dal momento della notifica della cartella di pagamento (per debiti previdenziali Inps-Inail e contravvenzioni per violazioni al codice della strada), oppure di 60 giorni (per debiti erariali Irpef, Iva, Ires ecc.).

I termini di decadenza variano in base alla tipologia di imposta, e nello specifico: per le imposte sui redditi, ossia Irpef/Ires, per l'Iva e altri tributi erariali ai sensi dell'art. 25 del Dpr 602/73 il potere di riscossione deve essere effettuato entro:

• Il terzo anno successivo alla presentazione della dichiarazione per le somme dovute a seguito di controllo automatizzato ai sensi dell'art. 36-bis Dpr 600/73. Ad esempio l'Irpef 2013, con riferimento al modello di Dichiarazione dei redditi Unico del 2014, il termine di decadenza è il 31 dicembre 2017, pertanto, se nel corso del 2018 o successivamente ti dovesse essere notificata una cartella di pagamento con riferimento all'Irpef 2013 sarebbe decaduta quindi annullabile.

• Il quarto anno successivo a quello di presentazione della dichiarazione, per le somme che risultano dovute ai sensi dell'art. 36-ter Dpr 600/73, ossia a seguito di controllo formale, ad esempio in relazione all'Irpef anno 2012, con riferimento al modello di Dichiarazione dei redditi Unico del 2013, il termine di decadenza è il 31 dicembre 2017.

• Del secondo anno successivo per le somme dovute in base agli accertamenti dell'ufficio divenuti definitivi, ad esempio per un accertamento divenuto definitivo nel 2015, il termine di decadenza è il 31 dicembre 2017.

Per le multe, a partire dal 1° gennaio 2008, il termine di decadenza è di 2 anni dalla consegna del ruolo, così come previsto dall'art. 1, comma 153, della legge n. 244 del 2007, quindi, ad esempio, per una cartella di pagamento relativa a sanzioni amministrative per violazioni del Codice della strada che è stata iscritta a ruolo nel 2015 (bada bene non da quando è stata elevata la contravvenzione, ma da quando l'ente creditore ha iscritto a ruolo quel debito, ossia l'ha comunicato all'ente riscossore) il termine di decadenza è il 31 dicembre 2017.

Ti ricordo che la data di iscrizione a ruolo la trovi direttamente nella cartella di pagamento.

Per il bollo auto, ai sensi dell'art. 5 del D.lgs. 953/82, l'Agenzia delle entrate o la Regione hanno tempo fino al 31 dicembre del terzo anno successivo a quello per il quale è dovuto il pagamento del bollo auto per notificare l'avviso di accertamento che, se non impugnato entro 60 giorni, diventa definitivo.

Ad esempio, per il bollo auto dovuto nel 2012, il termine di decadenza per la Regione o l'Agenzia delle entrate per notificare un avviso di accertamento era il 31 dicembre 2015. Ai sensi invece dell'art. 1, comma 163 della legge 296/2006 il termine di decadenza per la riscossione (Agenzia delle entrate-Riscossione), quindi della notifica della cartella di pagamento, è il 31 dicembre del terzo anno successivo a quello in cui l'accertamento è divenuto definitivo.

Pertanto, se ti sei dimenticato di pagare il bollo per l'anno 2012 e ti è stato notificato un avviso di accertamento dalla Regione il 1° luglio 2014, e lo stesso non impugnato è divenuto definitivo il 2 settembre 2014, la cartella di pagamento doveva essere notificata, a pena di decadenza, entro il 31 dicembre 2017.

Per l'imposta di registro il termine di decadenza dal potere di riscossione, ai sensi dell'art. 76 del Dpr 131/1986, può essere esercitato:

- Entro due anni per gli atti per i quali c'è un avviso di rettifica e liquidazione di maggiore imposta di registro dovuta, ad esempio ad accertamento della maggiore imposta in relazione a una compravendita di un immobile, che è stata versata il 3 marzo

2016, il 3 marzo 2018 si considera decaduta.

• Entro cinque anni (ad esempio il 15 marzo 2018) deve essere riscossa l'imposta relativa agli atti che non sono stati presentati per la registrazione, tale termine decorre dal giorno in cui avrebbe dovuto essere richiesta la registrazione (ad esempio 15 marzo 2013) o si è verificato il fatto che legittima la registrazione d'ufficio.

• Entro 3 anni, salvo quest'ultima ipotesi, l'imposta deve essere richiesta a pena di decadenza, per gli atti presentati per la registrazione o registrati per via telematica decorrenti dal giorno della presentazione.

Per le imposte ipotecaria e catastale valgono, in linea generale, i termini previsti per l'imposta di registro. All'imposta sulla donazione si applica la normativa in tema di imposta di registro, ai sensi dell'art. 60 del D.lgs. n. 346/1990.

Per l'imposta sulla successione si applica:
• il termine di decadenza di 3 anni a partire dalla presentazione della dichiarazione, ai sensi dell'art. 27 D.lgs. n.

346/1990, ad esempio per una dichiarazione di successione presentata nell'anno 2014 il termine di decadenza è il 31 dicembre 2017.

● 5 anni in caso di omessa dichiarazione, che decorrono dalla scadenza del termine previsto per la presentazione della dichiarazione di successione; ad esempio per la dichiarazione che doveva essere presentata entro il 2012 il termine di prescrizione è il 31 dicembre 2017.

Per i tributi locali, ossia Imu, Ici, Tosap, Tarsu, il termine di decadenza, quindi della notifica della cartella di pagamento, è, ai sensi dell'art. 1, comma 163 della legge 296/2006, il 31 dicembre del terzo anno successivo a quello in cui l'accertamento è divenuto definitivo.

Vizi relativi al difetto di motivazione della cartella di pagamento in relazione al calcolo degli interessi.
La cartella di pagamento può essere annullata, nella sua interezza o comunque relativamente agli interessi richiesti (su questo punto la giurisprudenza non è sempre uniforme) in relazione anche alla

quantificazione e indicazione degli interessi.

Infatti, l'Agenzia delle entrate-Riscossione, oltre a determinare il cosiddetto aggio (ovvero il compenso che l'AeR quantifica per la sua attività di riscossione), aggiungendolo all'importo effettivamente dovuto, deve determinare anche la voce degli interessi.

Il tasso di interesse, la data di decorrenza, i termini e le modalità con le quali l'Agenzia delle entrate-Riscossione determina tali importi, che maturano giorno per giorno, è un dato che il contribuente ha diritto di conoscere e verificare come previsto dall'art.7 dello Statuto del contribuente.

Su tale requisito essenziale della cartella di pagamento, la Corte di Cassazione ha chiarito come la cartella che non indica il tasso e calcolo di interessi è nulla (Cass. sent. n. 9799/17 del 19/4/2017), perché il contribuente deve poter effettivamente verificare le modalità di calcolo dell'importo dovuto.

Infatti, in tale pronuncia la Corte ha evidenziato come non si può pretendere dal contribuente il pagamento degli interessi, e di conseguenza degli altri importi, se non si indica quale tasso viene applicato e su quale periodo di tempo.

Per cui, verifica bene che il calcolo degli interessi sia presente nella cartella esattoriale che ti è stata notificata, perché, come ti ho detto, se manca tale indicazione puoi già cominciare a essere più sereno poiché, presentando un ricorso, le tue *chances* di annullare sia la cartella sia il debito sono davvero alte.

Nullità della cartella di pagamento con causale generica.

Ulteriore requisito essenziale della cartella di pagamento è la motivazione (si veda Corte di Cassazione 9799/2017). Scopo essenziale della motivazione è permettere al contribuente di conoscere i motivi della richiesta di pagamento e pertanto poter esercitare correttamente il proprio diritto di difesa.

Per soddisfare tale requisito, la cartella di pagamento deve essere adeguatamente motivata, deve cioè avere una causale chiara e comprensibile per chiunque la riceva.

Nell'ipotesi in cui gli elementi indicati in cartella non sono chiari e non permettono di risalire alle ragioni della pretesa impositiva, è possibile impugnare la cartella di pagamento per difetto della motivazione e ottenerne l'annullamento.

È da considerarsi insufficiente una causale come ad esempio "Irpef interessi", e per tale motivo la cartella deve essere annullata in quanto tale descrizione non può essere considerata una motivazione giuridicamente valida.

Nullità della cartella di pagamento per mancata indicazione del responsabile del procedimento.
Ti ho già accennato che la cartella a pena di nullità deve riportare l'indicazione del responsabile del procedimento ma credo sia opportuno darti qualche dettaglio in più.

A seguito della sentenza della Corte Costituzionale n. 37/2015, che ha dichiarato illegittimo l'art. 8 del D.lgs. n. 16/2012 (Disposizioni urgenti in materia di semplificazioni tributarie e di potenziamento delle procedure di accertamento), è stata dichiarata illegittima la proroga, divenuta ormai seriale, del conferimento nelle agenzie fiscali di incarichi dirigenziali senza passare prima da un concorso pubblico.

La conseguenza di tale intervento è stata la decadenza dall'incarico di circa 1.200 dirigenti oggi operativa nelle Agenzie delle entrate e delle dogane sulla base di nomine avvenute con la stipula di un contratto a termine con funzionari e senza un concorso.

Ebbene, l'atto impositivo è nullo se non reca la sottoscrizione del capo dell'ufficio o di altro impiegato della carriera direttiva dal medesimo delegato (art. 42 del Dpr 600/1973). Se la sottoscrizione non è quella del capo dell'ufficio titolare, è incombenza dell'amministrazione finanziaria dimostrare il corretto esercizio del potere sostitutivo da parte del sottoscrittore e la presenza della delega in caso di contestazione (così Corte di Cassazione sent. n. 14942/2013).

Ne consegue che qualora l'Amministrazione non dia prova della sussistenza dei poteri per poter impegnare e rappresentare l'Ufficio territoriale dell'Agenzia delle Entrate in capo al soggetto che dovrebbe aver firmato i presunti atti impositivi a carico del ricorrente, gli atti stessi dovranno essere considerati inesistenti.

Tale circostanza dovrà, pertanto, essere dichiarata d'ufficio dal giudice stante quanto stabilito dalla Corte costituzionale con sentenza n. 37/2015.

Reclamo e mediazione per cartelle di pagamento inferiori a 50.000 euro (cinquantamila).

Adesso che ti ho illustrato i principali vizi delle cartelle di pagamento, devo darti un'importante informazione sulla procedura da seguire per impugnare la cartella esattoriale.

Infatti, dal 1° gennaio 2018 ai sensi dell'art. 17-bis del D.lgs. 564/1992 tutti i contenziosi tributari che hanno per oggetto cartelle di pagamento, avvisi di accertamento ecc. con un valore fino a 50.000 euro (eccetto le sanzioni e gli interessi) dovranno preliminarmente passare per una procedura di reclamo/mediazione innanzi all'ente impositore (Agenzia delle Entrate, Agenzia delle Dogane, agente della riscossione ecc.). Ma cosa significa in concreto?

Significa, per ciò che ci riguarda, che quando riceviamo la notifica di cartelle di pagamento aventi natura tributaria, avvisi di accertamento ecc., fino a un limite di valore di 50.000 euro, se decidiamo di presentare un ricorso in Commissione Tributaria Provinciale, si attiverà automaticamente una procedura preventiva di reclamo/mediazione anche se non è stata fatta un'apposita istanza.

In questo caso, l'agente della riscossione o comunque l'ente impositore (Agenzia delle Entrate ecc.) deve dare una risposta al reclamo/mediazione entro 90 giorni.

Se l'ente, trascorso il termine di 90 giorni, non risponde o fornisce una risposta negativa, il ricorrente deve, entro ulteriori 60 giorni, depositare il ricorso presso la Commissione Tributaria Provinciale competente.

Questa fase di mediazione è molto importante per te che deciderai di proporre ricorso verso la cartella di pagamento, perché otterrai la sospensione automatica della riscossione per tutti i 90 giorni in cui dura la fase di reclamo/mediazione.

Purtroppo, trascorsi i 90 giorni, l'agente della riscossione potrà proseguire con l'attività esecutiva nei tuoi confronti, ma in ogni caso, rinviare l'aggressione al tuo patrimonio per ulteriori 90 giorni rispetto alla normalità è già un primo risultato immediato che puoi raggiungere facendo ricorso.

RIEPILOGO DEL CAPITOLO 4:

Ti riepilogo i principali errori commessi da AeR che ti potranno permettere di impugnare la cartella di pagamento:

- SEGRETO n. 1: assenza di tutti gli elementi essenziali previsti per una corretta cartella di pagamento.
- SEGRETO n. 2: termini (date) di notifica della cartella: oltre una certa data, a seconda dei vari tributi, si entra nella decadenza che rende la cartella di pagamento nulla.
- SEGRETO n. 3: causale generica: la cartella deve avere una motivazione chiara.
- SEGRETO n. 4: insufficiente indicazione del calcolo degli interessi.

Per accedere ai modelli di ricorso, ai video e agli altri bonus pensati in esclusiva per te, vai alla pagina:

www.cfclegal.it/libroaer.

Capitolo 5:
Come annullare l'intimazione di pagamento

Mossa 5.

Hai ricevuto un atto da parte dell'Agenzia delle entrate-Riscossione e in alto nel riquadro a destra c'è scritto "intimazione di pagamento" ma non sai di cosa si tratta? Hai ricevuto un'intimazione di pagamento in cui sono elencate una serie di cartelle di pagamento mai ricevute prima?

Il signor Leonardo, dopo aver ricevuto un'intimazione di pagamento contenente numerose cartelle esattoriali, mi ha contattato immediatamente per una consulenza.

Mi ha raccontato che era molto in ansia perché l'intimazione di pagamento era stata ritirata dalla moglie che, dopo aver letto la somma che Leonardo doveva pagare in soli cinque giorni, si era davvero spaventata.

Tuttavia, dopo aver esaminato tutta la documentazione fornitami da Leonardo, mi sono reso conto che impugnando in tempi brevissimi (20 giorni) l'intimazione di pagamento, avevamo moltissime *chances* di poter annullare il debito in esso indicato.

E infatti Leonardo ha fatto molto bene a fidarsi del mio consiglio, perché, quando ci siamo presentati davanti al giudice competente, quest'ultimo ha riscontrato che le cartelle di pagamento indicate nell'atto di intimazione erano state notificate a un indirizzo di residenza precedente rispetto a quello che aveva in quel momento.

Ebbene, riscontrando l'illegittimità dell'operato dell'agente della riscossione, non ha potuto fare altro che accogliere il nostro ricorso e sia l'intimazione di pagamento sia il debito di Leonardo con l'agente della riscossione sono stati completamente annullati.

Hai capito bene: il suo debito non esiste più e Leonardo può ricominciare a vivere e lavorare libero dall'aggressione dell'agente della riscossione.

Come vedi, se Leonardo non si fosse fidato del mio consiglio non avrebbe mai ottenuto un risultato così straordinario. Ti dico questo perché spesso le persone, per paura o perché spalleggiate dai professionisti che non hanno specializzazione in questo campo, preferiscono pagare e continuare ad essere ingiustamente vessate dall'agente della riscossione piuttosto che affrontare la situazione nel modo giusto.

Cos'è l'intimazione di pagamento?

L'intimazione di pagamento è l'atto con il quale l'agente riscossore, ai sensi dell'art. 50 Dpr 602/1973, ti invita a pagare una determinata somma entro 5 giorni dalla sua ricezione.

Tale atto deve essere necessariamente preceduto dalla notifica delle cartelle di pagamento/avvisi di accertamento esecutivi/avvisi di addebito Inps con valore esecutivo a cui si riferisce o in esso contenute ed è obbligatoria prima di intraprendere l'esecuzione forzata quando è decorso più di un anno (12 mesi) dalla notifica degli atti appena indicati.

La notifica di un'intimazione di pagamento è un atto molto pericoloso per il tuo patrimonio. Infatti come detto sopra, trascorsi

5 giorni dalla sua notifica l'agente della riscossione può iniziare l'esecuzione forzata sui beni del tuo patrimonio e quindi intraprendere una delle azioni di cui abbiamo parlato nei capitoli precedenti, come l'ipoteca sui tuoi immobili o il pignoramento del tuo conto corrente, o del tuo stipendio, o ancora un fermo amministrativo della tua automobile ecc.

Pertanto, una volta ricevuta un'intimazione di pagamento, davvero non è più il momento di perdere altro tempo: bisogna prendere in mano la situazione perché l'Agenzia delle entrate-Riscossione sta per passare alle maniere forti per recuperare il suo credito nei tuoi confronti.

Però anche in questo caso non devi perdere le speranze perché anche l'intimazione di pagamento, come tutti gli altri strumenti di esecuzione dell'Agenzia delle entrate-Riscossione, può contenere numerosi vizi che ne possono causare l'annullamento innanzi al tribunale competente.

Sicuramente, leggere che devi pagare entro 5 giorni crea molta ansia specialmente se magari non hai a disposizione tutti i soldi per farlo, ma credimi, in alcuni casi, e potrebbe essere il tuo, una situazione all'apparenza così negativa potrebbe invece costituire il presupposto per provare ad annullare il debito a cui si riferisce l'atto di intimazione.

Di seguito ti dirò quali sono i vizi più ricorrenti dell'intimazione di pagamento, ma tu dovrai prestare particolare attenzione soprattutto ai tempi. La legge ti dà, come già ti ho detto precedentemente, a seconda dei tributi a cui si riferisce l'intimazione, anche fino a 60 giorni (ad esempio per l'Irpef, Ires o Iva) ma ti consiglio di procedere con molta celerità e considerare sempre come limite massimo solo 20 giorni.

In tal modo, eviterai di incorrere in violazioni dei termini di decadenza dal ricorso (ad esempio se le cartelle hanno per oggetto un debito Inps dove il termine di decadenza del ricorso è di soli 20 giorni).

Quando un'intimazione di pagamento può dirsi illegittima e quindi è possibile annullarla?
I principali vizi che possono rendere un'intimazione di pagamento

illegittima sono i seguenti:

• mancata o irregolare notifica delle cartelle di pagamento/avvisi di accertamento esecutivi/avvisi di addebito Inps con valore esecutivo, notificati precedentemente all'atto di intimazione, ossia non consegnata al contribuente nelle modalità e termini previsti dalla legge (ai sensi dell'art. 26 Dpr n. 602/73 e dell'art. 60 Dpr n. 600/72. Si veda anche il capitolo 7).

• intimazione di pagamento contenente anche solo una cartella di pagamento notificata meno di 12 mesi prima (si veda art.50 Dpr n. 602/73).

• Intimazione di pagamento che non contiene l'esatta descrizione degli importi in essa contenuti.

• L'intimazione di pagamento che, in assenza di idonei atti interruttivi, si riferisce a cartelle di pagamento/avvisi di accertamento esecutivi/avvisi di addebito dell'Inps con valore esecutivo prescritti (si veda il capitolo sui super segreti).

RIEPILOGO DEL CAPITOLO 5:

Se ricorre anche solo uno dei profili di seguito evidenziati puoi presentare un ricorso per ottenere l'annullamento non solo dell'atto di intimazione di pagamento ma anche di tutte le cartelle, avvisi di accertamento o avvisi di addebito Inps in esso contenuti:

- SEGRETO n. 1: mancata o irregolare notifica degli atti presupposti all'intimazione di pagamento.
- SEGRETO n. 2: prescrizione delle cartelle di pagamento contenute nell'atto di intimazione.
- SEGRETO n. 3: assenza di esatta descrizione degli importi contenuti nell'atto di intimazione.

Per accedere ai modelli di ricorso, ai video e agli altri bonus pensati in esclusiva per te, vai alla pagina:

www.cfclegal.it/libroaer.

Capitolo 6:
Sei sicuro dei debiti che hai col fisco?

Mossa +1.

Sei sicuro di conoscere in maniera esatta il tuo debito col fisco? Hai ricevuto un fermo amministrativo, un'ipoteca, un pignoramento del conto corrente ecc. e non sai a cosa si riferiscono? Tempo fa hai ricevuto un atto e per qualche motivo non lo hai impugnato?

Tante persone credono di essere a conoscenza della loro situazione debitoria ma solo recandosi presso gli sportelli della nuova Agenzia delle entrate-Riscossione è possibile verificarla attraverso la richiesta dei propri estratti di ruolo.

Esattamente come ha fatto Antonio, un cliente che si è rivolto alla mia società. Il signor Antonio aveva ricevuto un provvedimento di fermo amministrativo da parte dell'Agenzia delle entrate-Riscossione dell'importo di 30.000 euro. Quando è venuto in ufficio gli ho chiesto se avesse altri debiti oltre quelli indicati nel provvedimento di fermo amministrativo.

La sua risposta è stata negativa ma io l'ho invitato a effettuare ugualmente un controllo andando a richiedere il suo estratto di ruolo presso l'Agenzia delle entrate-Riscossione. Ebbene con sua grossa sorpresa, ma non mia (purtroppo), il debito complessivo era in realtà molto più alto di quello richiesto con il provvedimento di fermo.

È stato pertanto necessario opporsi non solo al provvedimento di fermo ricevuto, ma anche impugnare l'estratto di ruolo per il debito che non era compreso nel primo.

Molti contribuenti per svariate ragioni, che vanno da quelle strettamente personali fino ad arrivare a una loro precisa volontà, data la difficoltà di pagare, di conoscere, non si sono ancora resi conto che non sapere esattamente la propria situazione debitoria può causare molti danni al proprio patrimonio.

Immaginiamo, per esempio, che una persona pensi di avere un

debito di circa 15.000 euro e che in realtà il suo debito sia invece superiore a 25.000 euro, ma quest'ultima non può saperlo perché non ha mai fatto un estratto di ruolo.

Ebbene, questa persona può ritrovarsi improvvisamente notificato un preavviso di iscrizione ipotecaria sul suo immobile, perché, come ormai sappiamo dalla lettura di questo libro, l'agente riscossore può procedere a iscrizione ipotecaria sui beni immobili dei contribuenti solo per debiti superiori a 20.000 euro.

Per cui, richiedere periodicamente un estratto di ruolo della propria posizione debitoria è un atto molto importante che può salvare il tuo patrimonio e soprattutto può anch'esso essere impugnato per ottenere l'annullamento delle cartelle esattoriali ivi contenute.

Ma prima di spiegarti come puoi difenderti, è bene che tu capisca cos'è un estratto di ruolo.

Cos'è l'estratto di ruolo?

Sentirai spesso parlare di ruolo, iscrizione a ruolo o estratto di ruolo, ma non hai ben chiaro di cosa stiamo parlando?

Ti occorre sapere che il ruolo è lo strumento con cui tutti gli enti creditori (Agenzia delle entrate, Inps, Inail, Regioni, Comuni), comunicano periodicamente all'Agenzia delle entrate-Riscossione l'elenco dei debiti che i contribuenti hanno con il fisco.

Per cui l'estratto di ruolo è un tabulato elettronico che viene stampato a richiesta del contribuente, in cui sono indicati tutti i suoi debiti con gli enti creditori di cui sopra. Con una metafora, al fine di comprendere meglio, si può dire che l'estratto di ruolo sia simile a un estratto conto richiesto in banca, in cui sono indicati tutti i movimenti fatti dal correntista.

Soltanto che nell'estratto di ruolo anziché essere elencate entrate e uscite, sono indicati soltanto i debiti del contribuente.

Pertanto, se anche tu pensi di non avere debiti con il fisco, oppure sai di essere debitore ma non conosci l'esatto importo del debito, richiedendo l'estratto di ruolo conoscerai la tua posizione debitoria nel dettaglio.

Oltre a permetterti di conoscere alla perfezione la tua posizione debitoria, l'estratto di ruolo ha un'altra funzione importantissima. In sostanza ti permette di poter impugnare le cartelle in esso contenute anche quando non le hai impugnate nei termini precedentemente indicati, poiché ad esempio non ti erano state notificate correttamente.

Questa possibilità, preclusa per tantissimi anni, è diventata realtà grazie a una sentenza della Corte di Cassazione a Sezioni unite (Corte di Cassazione, S.U., sentenza 02/10/2015 n. 19704; Corte di Cassazione 1302/2018), la quale ha stabilito in sostanza che l'estratto di ruolo è un atto autonomamente impugnabile, quando per determinati motivi (ad esempio mancata e/o irregolare notifica delle cartelle di pagamento in esso contenute) potevi non essere a conoscenza delle cartelle di pagamento che ti erano state notificate.

Grazie a questa sentenza rivoluzionaria, anche se non hai mai impugnato una cartella esattoriale in vita tua, non devi disperare. Potrai comunque recarti presso lo sportello dell'Agenzia delle entrate-Riscossione e richiedere il tuo estratto di ruolo.

Una volta fatto ciò, potrai decidere se impugnarlo e richiedere l'annullamento di tutte o una parte delle cartelle di pagamento, degli avvisi di accertamento e degli avvisi di addebito in esso contenuti.

Credo di averti dato davvero una buona notizia, perché ti assicuro che, come ti dirò tra poco, le *chances* di annullare il tuo debito e quindi un eventuale fermo amministrativo, iscrizione ipotecaria o un pignoramento, sono davvero alte in presenza delle condizioni necessarie.

Attenzione, però, perché una volta richiesto l'estratto di ruolo, i tempi per poterlo impugnare insieme alle cartelle o avvisi in esso contenute sono davvero ristretti. Infatti hai in sostanza due termini diversi: 20 e 60 giorni dalla data in cui l'estratto di ruolo ti è stato rilasciato.

Il termine di 20 giorni si applica a tutte le cartelle esattoriali contenenti debiti previdenziali (Inps, Inail) e gli stessi avvisi di addebito dell'Inps. Avrai ancora 20 giorni per impugnare tutte le cartelle esattoriali contenenti le contravvenzioni al Codice della strada, le famigerate multe. Infine, il termine di 60 giorni si applica a tutte le cartelle contenenti debiti tributari di qualsiasi natura (Irpef, Ires, Iva, Irap, Imu, Tari ecc.).

Presupposti per impugnare l'estratto di ruolo.
Come ti dicevo poc'anzi, i presupposti per impugnare il tuo estratto di ruolo anche se non hai mai impugnato le cartelle in esso contenute sono, secondo le sentenze della Corte di Cassazione che ti ho menzionato, sostanzialmente due:

• Mancata o irregolare notifica delle cartelle di pagamento/avvisi di accertamento esecutivi/avvisi di addebito dell'Inps, con valore esecutivo, contenute nell'estratto di ruolo.

In sostanza, se hai la certezza di non aver mai ricevuto tutte le cartelle esattoriali contenute nell'estratto di ruolo, oppure soltanto alcune di esse. Oppure ricordi che alcune cartelle, pur sapendo di averle ricevute, contenevano alcune irregolarità della notifica (come vedrai nel capitolo a essi dedicati, i vizi e le irregolarità della notifica possono consistere ad esempio nell'aver inviato la cartella a un tuo precedente indirizzo, oppure aver notificato la cartella al portiere senza poi averti inviato un avviso successivo).

Allora puoi impugnare l'estratto di ruolo e il giudice competente, verificando la mancanza della notifica o la sua semplice irregolarità, non potrà fare altro che annullare le cartelle esattoriali contenute nell'estratto di ruolo e quindi anche il tuo debito. Ti sembra incredibile? Invece è tutto vero (si veda anche il capitolo sui super segreti).

• Prescrizione delle cartelle di pagamento/avvisi di accertamento esecutivi/avvisi di addebito dell'Inps con valore esecutivo prescritti, contenute nell'estratto di ruolo.

Se invece le cartelle di pagamento, o gli avvisi di accertamento o di addebito Inps, ti sono state regolarmente notificate in passato, a questo punto non ti resterà che verificare il primo super segreto sulla prescrizione e quindi la data di notifica delle cartelle esattoriali, contenute nell'estratto di ruolo (si veda il capitolo sui super segreti).

RIEPILOGO DEL CAPITOLO 6:

Se son sei sicuro della tua posizione con il fisco, richiedi subito l'estratto di ruolo.

- SEGRETO n. 1: puoi conoscere la tua posizione debitoria con il fisco recandoti presso uno sportello AeR o facendo richiesta via web e richiedendo il tuo estratto di ruolo.
- SEGRETO n. 2: puoi impugnare l'estratto di ruolo se trovi cartelle di pagamento, avvisi di accertamento e avvisi di addebito Inps mai ricevuti o prescritti.

Per accedere ai modelli di ricorso, ai video e agli altri bonus pensati in esclusiva per te, vai alla pagina:

www.cfclegal.it/libroaer.

Capitolo 7:
I vizi della notifica e i 3 super segreti

Come avrai notato nel corso di ogni capitolo, quando ho parlato dei vizi che possono essere utilizzati per annullare gli atti dell'agente della riscossione, ho fatto sempre riferimento ai vizi della notifica dell'atto ricevuto o comunque degli atti presupposti, cioè degli atti ricevuti prima dell'ultimo.

Adesso ti spiegherò in concreto cosa sono questi vizi di notifica affinché tu stesso possa verificare se un atto che hai ricevuto ti è stato notificato in maniera corretta o meno.

Infatti, non tutti sanno che gli atti dell'agente della riscossione (le cartelle esattoriali, le intimazioni di pagamento, i provvedimenti di pignoramento, di fermo amministrativo, d'ipoteca) sono come degli atti giudiziari che, se non vengono impugnati entro i termini previsti dalla legge, diventano definitivi e chi li riceve non potrà mai più rifarsi su eventuali errori, anche macroscopici, compiuti dall'agente della riscossione per potersi difendere, cioè non potrà più entrare nel merito della pretesa tributaria.

Ad esempio, immaginiamo Mario che non ha un reddito ma riceve per errore una cartella di pagamento esorbitante da 100.000 euro magari per un caso di omonimia con un altro contribuente.

Se Mario non impugna la cartella di pagamento entro 60 giorni per evidenziare questo errore così evidente, il debito di 100.000 euro diventerà il suo e non potrà mai più impugnare gli atti successivi rifacendosi all'errore di omonimia precedente.

In pratica quell'atto diverrà definitivo. Sembra incredibile ma è così. Proprio come contrappeso per queste conseguenze aberranti, la legge ha imposto delle procedure di notifica che garantiscano che il contribuente venga a conoscenza dell'atto notificato e possa così esercitare il suo diritto di difesa garantito dall'art. 24 della Costituzione, impugnando l'atto in tribunale se riscontra che vi siano dei vizi.

Se l'agente della riscossione non segue in modo esatto e puntuale la procedura di notifica prevista dalla legge, l'atto notificato diviene nullo e non può essere utilizzato. Come al solito un esempio ti chiarirà il concetto.

L'agente della riscossione invia una cartella di pagamento di 25.000 euro a Luca, ma l'atto è notificato a un indirizzo errato, ad esempio alla sua vecchia residenza, per cui in realtà Luca non riceve l'atto.

Successivamente Luca riceve un'intimazione di pagamento che fa riferimento alla precedente cartella di pagamento. Ebbene Luca sollevando, giustamente, l'errore commesso dall'agente della riscossione, può impugnare l'intimazione di pagamento ricevuta facendo presente proprio di non aver mai ricevuto la cartella cui si riferisce.

Il giudice, una volta verificato che l'indirizzo a cui era stata notificata la cartella era errato, non potrà fare altro che annullare non solo l'intimazione di pagamento ma anche la precedente cartella di 25.000 euro.

Come vedi, controllare la correttezza della notifica degli atti è la prima verifica da fare quando vuoi difenderti dagli atti dell'agente della riscossione; così facendo, molto spesso troverai delle soluzioni che ti aiuteranno a uscire dalla situazione difficile in cui ti trovi, credimi.

Ora ti dirò quali sono i vizi di notifica più importanti che dovrai controllare per poterti difendere quando vuoi impugnare un estratto di ruolo, un'intimazione di pagamento, un provvedimento di fermo amministrativo, un'iscrizione ipotecaria, un pignoramento, con riferimento alle presunte cartelle "ricevute".

• Notifica effettuata a un indirizzo di residenza o una sede legale differenti da quelli del contribuente.

• Notifica effettuata a un indirizzo di residenza o a una sede legale precedenti del destinatario.

• Notifica effettuata a te che sei un omonimo di un altro contribuente.

• Notifica effettuata rilasciando la copia dell'atto e non l'originale.

• Notifica effettuata da parte di un ufficiale giudiziario non competente territorialmente con la zona in cui è residente il contribuente (ad esempio un ufficiale giudiziario di Roma notifica una cartella esattoriale a Latina).

• Notifica effettuata senza rispettare l'ordine tassativo delle persone a cui consegnare l'atto secondo quanto previsto dall'art. 139 c.p.c. ecc. (destinatario, poi soggetti conviventi, poi portiere ecc.).

• Notifica effettuata ai sensi dell'art. 140 c.p.c. (deposito dell'atto nella casa comunale previo invio di raccomandata informativa) in mancanza di relata in cui l'ufficiale giudiziario non indica univocamente i motivi di irreperibilità del destinatario (si veda Corte di Cassazione n. 683/2018).

• Notifica effettuata, in caso di mancata presenza del destinatario, ad altri soggetti che possono ricevere l'atto, senza affissione dell'avviso di deposito e con affissione di un luogo diverso dalla porta del destinatario.

• Mancato invio di una raccomandata di avviso al destinatario (cosiddetta Can) quando la notifica viene effettuata al portiere o a soggetti terzi al destinatario (conviventi, vicini ecc.); questo tipo di nullità può essere utilizzata con assoluta certezza solo in caso di notifiche effettuate tramite Ufficiale Giudiziario, mentre per le notifiche a mezzo posta l'ipotesi della nullità è ancora molto discussa e non vi sono certezze (si veda sentenza Corte di Cassazione n. 23923/2017 e 15902/2017).

• Notifica effettuata non indicando il tipo di relazione tra il terzo che riceve l'atto e il destinatario, ingenerando incertezza sui rapporti giuridici tra le parti (ad esempio viene consegnata la cartella a un vicino di casa e nella relata non viene indicata tale circostanza).

• Notifica a mezzo posta con mancanza o inesistenza dell'avviso di ricevimento.

• Notifica a mezzo posta con mancata sottoscrizione dell'avviso di ricevimento da parte del destinatario o dei terzi abilitati a riceverlo.

• Notifica a mezzo posta in cui manca nell'avviso di ricevimento l'indicazione della data e dell'Ufficio di spedizione, l'indirizzo del destinatario e la data del ricevimento.

Primo super segreto: la prescrizione.
Tutte le cartelle di pagamento, gli avvisi di accertamento esecutivi e gli avvisi di addebito dell'Inps esecutivo si prescrivono dopo 5 anni dalla notifica, tranne le cartelle di pagamento relative al bollo

auto che si prescrivono dopo solo 3 anni dalla notifica. Principio affermato dalla Corte di Cassazione a S.U. n. 23397/2016.

Decorso il termine di 5 anni (o 3 in caso di bollo auto) dalla notifica della cartella di pagamento, in assenza di atti interruttivi, la stessa è nulla.

Tutto quello che ti dirò successivamente sono principi elaborati dalla Giurisprudenza (cioè dalle sentenze della Corte di Cassazione come quella citata sopra e altre sentenze successive che ne hanno ribadito il principio) e non sono previsti da una legge.

Per questo motivo se ti rivolgi a uno sportello dell'agente della riscossione per richiedere l'annullamento di alcune cartelle che sono prescritte anche da molto più di 5 anni, quest'ultimo ti dirà sempre che quelle cartelle sono valide e i soldi dovuti.

Anche molti professionisti a cui ti rivolgerai pur conoscendo il principio della prescrizione quinquennale dei tributi al momento di applicare la rottamazione, la rateizzazione o al ricevimento di un preavviso di fermo amministrativo, di un preavviso di iscrizione ipotecaria o di un pignoramento, non essendo specializzati, non riusciranno a utilizzare il principio della prescrizione per farti risparmiare tanti soldi e magari salvare la tua azienda o la tua casa.

Quindi dovrai essere tu stesso, con le conoscenze che hai acquisito sulla prescrizione e gli altri principi e segreti che ti illustrerò tra poco, a rivolgerti a un legale specializzato che davvero possa aiutarti a risolvere i tuoi problemi con l'agente della riscossione.

Innanzitutto, per comprendere meglio questo super segreto ti spiegherò cos'è la prescrizione. È il tempo massimo entro cui un soggetto può esercitare un proprio diritto e se non lo fa il suo diritto è prescritto, cioè non può essere più esercitato.

Questo principio vale anche per il diritto dell'agente della riscossione di riscuotere i propri crediti attraverso le cartelle esattoriali. Infatti l'agente riscossore dal giorno in cui ti ha notificato per la prima volta una cartella di pagamento ha dei termini precisi entro i quali può chiederti il pagamento dell'importo contenuto nella cartella stessa.

Se in quest'arco temporale (cioè come ti ho già detto prima 5 anni dalla notifica della cartella di pagamento/avviso di accertamento esecutivo/ avviso di addebito dell'Inps con valore esecutivo e 3 anni solo per il bollo auto) l'Agenzia delle entrate-Riscossione non ti ha mai notificato null'altro (ad esempio intimazione di pagamento, preavviso di fermo, preavviso di iscrizione ipotecaria ecc.) o ha posto in essere degli atti di notifica non idonei e validi, il credito si dice prescritto. Ad esempio, in assenza di atti interruttivi, una cartella di pagamento che ti è stata notificata il 15° marzo 2013 si prescrive il 15° marzo 2018

La sentenza della Corte di Cassazione a S.U. che ti ho indicato sopra ha rivoluzionato il mio modo di difendere i contribuenti che sono indebitati e in difficoltà con l'agente della riscossione. Questa sentenza, infatti, mi ha permesso di poter aiutare moltissime persone che si rivolgono a me per risolvere i loro problemi con l'Agenzia delle entrate-Riscossione.

Adesso voglio condividere al meglio il super segreto con te e quando lo avrai letto non crederai ai tuoi occhi. Ma ti assicuro che è tutto vero. Prima di questa sentenza della Corte di Cassazione a S.U., infatti, l'agente della riscossione, ma soprattutto i giudici che dovevano decidere i ricorsi, erano fermamente convinti che la prescrizione delle cartelle di pagamento o gli avvisi di accertamento esecutivi e gli avvisi di addebito esecutivi dell'Inps, una volta notificate, fossero di 10 anni.

Questo termine valeva per qualsiasi tipologia di debito, sia previdenziale (Inps, Inail) sia erariale (Irpef, Ires, Iva ecc.).

Per questo motivo, l'agente della riscossione non si è mai preoccupato di agire con particolare velocità nel riscuotere i suoi crediti dopo aver notificato le cartelle esattoriali, proprio perché pensava di avere a sua disposizione dei tempi larghissimi.

Nel frattempo, però, in tutti i ricorsi che proponevamo insieme ai miei soci per i nostri clienti – per fortuna lo facevano anche altri professionisti specializzati – abbiamo sempre sostenuto che la prescrizione delle cartelle e degli avvisi fosse di 5 anni dalla data di notifica delle stesse e non di 10.

Dopo anni di battaglie, finalmente le Sezioni Unite della Cassazione con la sentenza n. 23397/2016 hanno accolto questa tesi stabilendo in modo definitivo che le cartelle esattoriali si prescrivono in 5 anni (per il bollo auto la prescrizione è ancora più breve, perché è di 3 anni dalla notifica della cartella esattoriale).

Questa sentenza ha completamente spiazzato l'agente della riscossione che per anni aveva pensato e si era organizzato per riscuotere i propri crediti in un arco temporale di 10 anni.

Sai cosa significa questo? Vuol dire che milioni di cartelle e di avvisi che prima non potevano essere impugnati in giudizio per prescrizione, perché questa era decennale, adesso invece lo sono. E tra questa moltitudine di cartelle ormai annullabili per prescrizione molto probabilmente ci sono anche le tue.

Potrai verificarlo tu stesso oppure rivolgerti a un professionista specializzato per controllare se dalla data di notifica delle cartelle e degli avvisi sono trascorsi più di 5 anni oppure no.

Ma come ti ho detto, tutte le cartelle che ti sono state notificate da più di 5 anni (o 3 anni per il bollo auto), in mancanza di atti interruttivi della prescrizione (intimazioni di pagamento, iscrizioni ipotecarie, fermi amministrativi, pignoramenti), sono praticamente nulle e il credito non può più essere riscosso.

Questa situazione devi valutarla in particolar modo adesso che sono stati riaperti i termini della rottamazione (rottamazione bis), che come ti dirò in seguito scadrà il 15 maggio 2018, oppure se sei in procinto di richiedere una rateizzazione del tuo debito.

Ovviamente, per ottenere l'annullamento delle cartelle e del debito in esse contenuto attraverso la prescrizione è quasi sempre necessario rivolgersi al giudice competente. Solo un tribunale può, infatti, certificare l'annullamento di un debito per prescrizione a meno che, cosa assai rara, non sia lo stesso ente creditore in fase di autotutela (si veda il capitolo 8) a riconoscere l'intervenuta prescrizione.

Ma ti assicuro che quando esistono i presupposti per annullare il debito per prescrizione il risultato è praticamente certo. Il principio stabilito dalla sentenza a Sezioni Unite della Cassazione è stato ribadito ancora più recentemente sempre dalla Corte di Cassazione con ordinanza n. 930 del 17-1-2018.

E ancora, è stato stabilito un altro principio importantissimo e cioè che, se vi è stato il pagamento parziale del debito anche tramite una richiesta di rateizzazione all'agente della riscossione, questa non costituisce un riconoscimento del debito, per cui la rateizzazione e il pagamento di alcune rate non interrompono i termini di prescrizione (si veda l'Ordinanza della Corte di Cassazione 18/2018).

Con un esempio ti chiarirò questo principio. Immagina che hai ricevuto delle cartelle di pagamento per un ammontare di 60.000 euro il 15 marzo 2013, e per evitare di subire delle azioni esecutive hai deciso di rateizzare il tuo debito con l'agente della riscossione pagando tutto in 10 anni.

Grazie a questa sentenza, anche se hai pagato regolarmente le tue rate fino al 15 marzo 2018 per un importo di 30.000 euro, dopo tale data, essendo trascorsi ormai più di 5 anni dalla notifica delle cartelle esattoriali, potrai chiedere al giudice di annullare il tuo debito residuo per prescrizione quinquennale, e quindi i restanti 30.000 euro.

Cominci a capire che risultati straordinari puoi ottenere tramite questo super segreto sulla prescrizione? Ovviamente è però necessario che alla scadenza del termine di prescrizione tu proponga un ricorso al giudice competente, per far presente che ormai il debito residuo rateizzato è prescritto, oppure che tu proponga un'istanza di autotutela che però ti ho già detto essere quasi sempre inutile.

Inoltre, se tu dovessi decidere di proporre un ricorso quando hai già pagato una parte del debito prescritto, ti do un'altra buona notizia. Infatti, se questo debito ha come oggetto contributi Inps ormai prescritti, che però nel corso della rateizzazione hai già pagato, ne puoi chiedere la restituzione all'Inps stessa (sentenza della Corte di Cassazione n. 3489/2015).

Infine, voglio chiarirti un concetto espresso sopra che ti renderà ancora più felice. Prima ho detto genericamente che la prescrizione funziona solo se non ci sono stati degli atti interruttivi della prescrizione da parte dell'agente della riscossione.

Attenzione, però, perché la prova della notifica di un atto interruttivo della prescrizione deve essere sempre fornito dall'agente della riscossione.

Se l'agente della riscossione non riesce a provare di aver notificato correttamente gli atti interruttivi della prescrizione, questi ultimi sarebbero considerati dal giudice come inesistenti e mai notificati. Ciò significa che in mancanza della prova degli atti interruttivi il giudice potrebbe dichiarare la prescrizione delle cartelle impugnate.

Come ti spiegherò tra poco con il secondo super segreto, l'agente della riscossione, per provare di aver notificato degli atti interruttivi della prescrizione, lo deve fare secondo delle modalità ben precise e stabilite anche dalla Corte di Cassazione.

Con il secondo super segreto capirai la portata dirompente che questo ha per te e per le tue *chances* di annullare il debito con l'agente della riscossione.

Secondo super segreto: produzione in giudizio dei documenti originali da parte di AeR.

L'Agenzia delle entrate-Riscossione deve produrre gli originali degli atti (cartolina, avviso di ricevimento ecc.)! questo secondo super segreto, qualora tu ti rendessi conto che esistono dei presupposti per poter agire in giudizio nei confronti dell'agente della riscossione per annullare il tuo debito, ti darà l'opportunità di invalidare tutta la documentazione esibita all'interno del processo.

Si tratta di un principio importantissimo ribadito anche dalla Corte di Cassazione (sentenze n. 23046/2016 e 5077/2017) con cui si riporta, nel corso del processo, l'agente della riscossione sullo stesso piano del contribuente, come è giusto che sia. Cioè, quando si entra in tribunale, l'agente della riscossione ha gli stessi obblighi formali di qualunque contribuente.

Ascoltami bene. Come ti ho già spiegato, tutte le volte che

impugnerai degli atti successivi alla notifica delle cartelle di pagamento (ad esempio un estratto di ruolo, un fermo amministrativo, un'iscrizione ipotecaria, un'intimazione di pagamento, un pignoramento del conto corrente ecc.) la legge stabilisce che l'onere della prova della regolare notifica delle cartelle contenute in questi atti spetta all'agente della riscossione.

Ciò vuol dire che sarà quest'ultimo a dover depositare in tribunale tutti i documenti che provano che ha agito in modo conforme alla legge.

Ma attenzione, tieniti forte. Devi sapere che la Cassazione con pronunce recenti e in modo unanime ha stabilito che per l'agente della riscossione non è sufficiente depositare le fotocopie dei documenti attestanti la regolare notifica della cartella esattoriale o dei suoi atti successivi (ad esempio, gli atti interruttivi della prescrizione. – Ricordi cosa ti ho detto alla fine del primo super segreto?), ma deve, in caso di contestazione dettagliata dei documenti da parte del contribuente, depositare obbligatoriamente i documenti in originale (si veda Corte di Cassazione sentenze n. 23046/2016 e 5077/2017).

Se in caso di contestazione da parte del contribuente sulla conformità agli originali della documentazione depositata in fotocopia dall'agente della riscossione, quest'ultimo non deposita i documenti attestanti la notifica in originale, la cartella esattoriale verrà annullata proprio per la mancanza di prova della notifica.

Questo super segreto è ancora più decisivo dopo che avrai letto quanto sto per dirti. Tu potrai pensare che in realtà l'agente della riscossione non avrebbe nessuna difficoltà a depositare i documenti originali delle notifiche dalle cartelle.

E invece ti stai sbagliando di grosso perché per la nostra esperienza l'agente della riscossione nella stragrande maggioranza dei processi in cui difendiamo i nostri clienti (e ti assicuro che in 14 anni si tratta di migliaia di cause) non è in grado di produrre i documenti in originale richiesti dal giudice.

Anche perché i giudici hanno da ultimo stabilito (si veda la sentenza della Corte di Cassazione n. 1974/2018) che l'agente della riscossione non può ovviare alla mancata produzione dei documenti originali attestanti la notifica della cartella esattoriale depositando solo delle copie degli atti conformi all'originale.

Infatti, l'agente della riscossione, non essendo un pubblico ufficiale, non ha il potere di trasformare una semplice fotocopia in un documento conforme all'originale.

Insomma, alla luce di queste sentenze, o l'agente della riscossione deposita gli originali dei documenti attestanti la notifica delle cartelle esattoriali o degli atti successivi, o si trova in un vicolo cieco e perde la causa.

Sai cosa significa questo? Sì, hai capito bene, in questi casi in cui l'agente della riscossione non deposita in giudizio i documenti in originale, e la contestazione da parte tua è avvenuta nel modo corretto, le cartelle esattoriali oggetto del giudizio sono totalmente nulle e quindi il debito non è più dovuto! Quindi, grazie ai consigli che ti ho fornito in questo libro, sei riuscito a salvare la tua casa, la tua famiglia, la tua azienda e puoi ricominciare daccapo una nuova vita.

Dopo averti fornito questo super segreto che vale davvero per tutti i tipi di documenti (anche per gli atti interruttivi della prescrizione di cui ti parlavo nel primo super segreto), adesso hai davvero tutti i mezzi per poter affrontare un giudizio con l'Agenzia delle entrate-Riscossione e soprattutto vincerlo, utilizzando tutti principi giuridici che non sono stati inventati da me ma sono stati stabiliti dalla Corte di Cassazione e che io ti ho aiutato a scoprire.

Terzo super segreto: cartelle inviate via Pec (Posta elettronica certificata).

Un capitolo a parte riguarda la notifica delle cartelle inviate via Pec.

Questo metodo di invio delle cartelle esattoriali è stato sperimentato e utilizzato solo a campione per qualche tempo. Dal 1° giugno 2016, invece, in attuazione dell'art. 14 del D.lgs. 159/2015 il sistema di notifica via Pec è divenuto obbligatorio per quei professionisti, possessori di Partita Iva e imprese che devono possedere la Pec per legge.

E infatti, se rientri in una delle categorie di cui sopra, e possiedi una Pec, ti sarai accorto che ormai tutte le notifiche delle cartelle di pagamento negli ultimi due anni avvengono proprio tramite la Posta certificata.

Immagino che leggendo questa notizia ti starai preoccupando un po' perché penserai che, essendo un nuovo metodo di notifica, tutto quello che hai letto precedentemente sui vizi di notifica della cartella di pagamento, non possa essere applicato nei casi in cui la notifica della cartella di pagamento sia stata effettuata via Pec.

Invece non devi preoccuparti perché, nonostante la notifica via Pec sia una procedura recente, abbiamo già individuato un errore molto importante commesso dall'ente della riscossione. Penso che tu sia molto curioso di conoscerlo: ora te lo spiego.

Se verifichi con attenzione le Pec con cui l'agente della riscossione ti invia le cartelle di pagamento, noterai che la cartella ti viene inviata in allegato con un file che si chiama pdf.

Ebbene, questo tipo di file non è stato riconosciuto idoneo per notificare la cartella di pagamento in quanto un file pdf non assicura l'autenticità del documento informatico.

Insomma, quando l'agente della riscossione ti invia la cartella di pagamento tramite una Pec in pdf, è come se ti stesse inviando la semplice fotocopia di un documento e non il suo originale come previsto dalla legge.

Trattandosi di una nuova procedura di notifica, non esistono ancora (al momento di chiusura del libro, 3 marzo 2018) provvedimenti della Corte di Cassazione in materia, ma già le Commissioni Tributarie Provinciali e anche Regionali sono abbastanza uniformi su questo principio (da ultimo, si veda Commissione Tributaria Regionale, Campania, sez. XI, sentenza 09/11/2017, n. 9464 Ctp di Savona, n. 100/17 e Ctp di Roma, n. 1715/17).

Queste pronunce sono tutte concordi nel sostenere che l'unico file in grado di rispettare la legge sull'autenticità dei documenti digitali è il file P7m.

Pertanto, secondo questa giurisprudenza, tutte le cartelle di pagamento inviate via Pec e che contengano in allegato dei file in formato pdf delle cartelle stesse sono assolutamente illegittime e possono essere annullate impugnandole dinanzi all'autorità giudiziaria competente.

RIEPILOGO DEL CAPITOLO 7:

Di seguito, i super segreti per difenderti nei ricorsi:

- SUPER SEGRETO n. 1: tutte le cartelle di pagamento, avvisi di accertamento esecutivi e avvisi di addebito Inps, in mancanza di atti interruttivi, si prescrivono e quindi sono nulli in 5 anni (3 per il bollo auto; ricorda anche se hai delle rate o stai rateizzando puoi sempre fare ricorso).
- SUPER SEGRETO n. 2: AeR deve sempre depositare in giudizio gli originali degli avvisi di ricevimento: non bastano le fotocopie autenticate dai dirigenti dell'AeR.
- SUPER SEGRETO n. 3: le cartelle di pagamento, gli avvisi di accertamento esecutivi e gli avvisi di addebito Inps se notificati via Pec con allegato in pdf sono annullabili: serve il formato P7m.

Per accedere ai modelli di ricorso, ai video e agli altri bonus pensati in esclusiva per te, vai alla pagina:

www.cfclegal.it/libroaer.

Capitolo 8:
Sospendere o annullare senza un legale

Mossa n. 6.

Hai ricevuto una cartella di pagamento, un fermo amministrativo, un'intimazione di pagamento o un'ipoteca o peggio un pignoramento, ma grazie ai super segreti che ti ho illustrato prima hai riscontrato che fanno riferimento in tutto o in parte a crediti prescritti o richieste colpite dalla decadenza?

(Ricordati, come ti ho spiegato nei capitoli precedenti, che per la decadenza i termini variano a seconda dei tributi richiesti).

Ti ho esposto che se riscontri questi vizi, la cosa ideale sarebbe quella di fare ricorso con un legale specializzato ed esperto, ma questa volta la legge ci viene incontro.

Infatti, la legge 228/2012 stabilisce che tu possa chiedere direttamente la "sospensione legale" della riscossione degli importi indicati in una cartella (o in un atto che fa riferimento alla cartella) se le somme sono state interessate da prescrizione o decadenza intervenuta prima della data in cui il ruolo è stato reso esecutivo.

Puoi utilizzare questa legge, anche se hai già pagato o se hai ricevuto uno sgravio o una sentenza a tuo favore.

Tornando però al caso più utile, prescrizione o decadenza, ti spiego quali sono i termini e le modalità per poter prima sospendere l'azione di riscossione e poi ottenere lo sgravio del debito.

La legge prevede che, a pena di decadenza, entro 60 giorni da quando ricevi una cartella di pagamento, un avviso di accertamento esecutivo o un avviso di addebito esecutivo dell'Inps o altro atto da parte dell'ente di riscossione, tu possa inviare o presentare una domanda di sospensione del debito in autotutela (modulo SL1 di AeR), direttamente al concessionario della riscossione stesso (spesso AeR), il quale deve inoltrare la tua richiesta e i documenti inviati o presentati all'ente impositore/creditore (Inps, Agenzia delle entrate ecc.).

Entro 220 giorni dalla presentazione della tua dichiarazione, l'ente impositore/creditore (Inps, Agenzia delle entrate ecc.) deve comunicarti l'esito dell'esame della dichiarazione, quindi confermarti la legittimità del credito contenuto nella cartella di pagamento oppure lo sgravio/annullamento del debito.

La cosa per te interessante è che dall'invio/presentazione della dichiarazione e fino alla risposta dell'ente impositore/creditore è sospesa l'attività di riscossione, quindi non dovresti ricevere fermi amministrativi, ipoteche o pignoramenti.

Ho purtroppo usato il condizionale, in quanto non sempre ciò accade. Infatti, nonostante la legge prescriva la sospensione dell'attività di riscossione, finché l'agente della riscossione non risponde alla richiesta di sospensione, a volte capita che ugualmente si proceda illegittimamente ad attività esecutive.

In questo caso, tuttavia, la legge sarebbe dalla tua parte e potresti comunque fare annullare ogni provvedimento emesso nelle more della tua richiesta di sospensione.

Comunque, la cosa importante da sapere è che se l'agente della riscossione non risponde entro 220 giorni dal momento in cui hai inoltrato la domanda di sospensione, il tuo debito, per cui hai fatto richiesta di sospensione, sarà di diritto annullato.

Lo scopo di questa legge è proprio quella di aiutarti a risolvere i tuoi problemi con l'agente della riscossione senza l'aiuto di un legale, ma ti devo avvertire che spesso l'ente impositore/creditore risponde negativamente prima dei 220 giorni anche se tu hai ragione.

Per cui, una volta che l'agente della riscossione abbia rigettato la tua domanda di sospensione, non ti resterà che instaurare un ricorso innanzi al tribunale competente e attendere una sentenza del giudice a cui ti sei rivolto.

Presta attenzione, però, perché anche se la richiesta di sospensione legale è un ottimo strumento per annullare le cartelle o gli altri atti colpiti da prescrizione o decadenza, la richiesta non sospende i termini per poter inoltrare il ricorso giurisdizionale.

Poiché i termini per fare ricorso e impugnare le cartelle in giudizio sono molto brevi (come spiegato nei capitoli precedenti, per alcuni tipi di ricorso il termine è di 20 giorni mentre per altri è di 60, a seconda del tipo di ricorso e dell'oggetto dei tributi), qualora la risposta dell'ente impositore/creditore dovesse arrivare dopo questi termini, rischieresti di non poter più impugnare le cartelle o gli altri atti.

Ciò significa che contemporaneamente alla richiesta di sospensione legale ti consiglio comunque di procedere con il ricorso innanzi al Tribunale o Commissione Tributaria competente contro le cartelle o gli altri atti di cui hai chiesto la sospensione.

Richiesta di sospensiva nel corso del giudizio.
Come ti ho spiegato nel capitolo precedente, la richiesta di "sospensione legale" di cui alla legge 228/2012 può essere un ottimo strumento per ottenere immediatamente la sospensione della riscossione per un periodo più o meno lungo, e se hai la

fortuna che l'ente creditore non risponde entro 220 giorni dalla tua richiesta potresti ritrovarti con il tuo debito annullato.

Come ti ho già detto, però, può accadere che passi molto tempo prima che l'agente della riscossione risponda alla tua domanda di sospensione o magari risponda in tempi brevi ma negativamente

Se ciò dovesse verificarsi, ma nel frattempo hai seguito il mio consiglio di agire, contemporaneamente alla richiesta di sospensione legale, presentando anche il ricorso innanzi all'autorità giudiziaria, e richiedendo la "sospensione della riscossione" (di cui ti parlerò a breve) non rimarresti, in caso di accoglimento, privo di tutela e protezione almeno fino alla sentenza di primo grado.

Poiché i tempi della giustizia non sono molto brevi, questo significherebbe rimanere esposto ad azioni esecutive da parte dell'agente della riscossione per circa un anno se tutto va bene (pignoramenti, iscrizioni ipotecarie, fermi amministrativi).

Per evitare che una situazione del genere capiti proprio a te, il consiglio che ti do è quello di richiedere all'interno del ricorso che hai proposto innanzi all'Autorità giudiziaria (Commissione Tributaria Provinciale, Giudice del Lavoro, Giudice di Pace) anche un'istanza di sospensione della riscossione.

In questo caso, infatti, non sarà l'agente della riscossione, e quindi lo stesso soggetto titolare del credito, a decidere se concedere la sospensiva, bensì il giudice stesso e quindi un soggetto imparziale.

Per poter ottenere la sospensiva, il presupposto più importante è dimostrare il cosiddetto *periculum in mora* ovvero il rischio di subire un danno grave e irreparabile nel corso del giudizio da un'eventuale attività di riscossione.

Per fornire la prova di questo pericolo di danno, ti consiglio di allegare sempre al ricorso la tua dichiarazione dei redditi se sei una persona fisica oppure l'ultimo bilancio approvato in caso di persona giuridica.

Questi documenti servono per provare al giudice l'incidenza

negativa che avrebbe sul tuo patrimonio o sul tuo business un'eventuale azione esecutiva da parte dell'agente della riscossione nei tuoi confronti.

Ad esempio, se hai un debito di 100.000 e un reddito di 1.500 euro al mese, sarebbe evidente che l'attività di riscossione nel corso del giudizio possa compromettere il corretto svolgimento delle tue attività sociali, lavorative e familiari.

Così, una volta che il giudice ti concederà la sospensiva, non dovrai più temere di essere aggredito dall'agente della riscossione durante il processo e potrai esercitare il tuo diritto di difesa con la massima tranquillità.

RIEPILOGO DEL CAPITOLO 8:

Come hai visto grazie a questo libro potrai sospendere o annullare il tuo debito anche senza un legale.

- SEGRETO n. 1: appena ricevi una cartella di pagamento o altro atto utilizza il Modello SL1 di AeR per richiedere la sospensione legale del debito.
- SEGRETO n. 2: se non ti rispondono entro 220 giorni, il debito è annullato di diritto.
- SEGRETO n. 3: fai solo attenzione a fare ricorso entro i termini che ti ho indicato nel capitolo se non dovessero risponderti per tempo.
- SEGRETO n. 4: prova a chiedere la sospensione della riscossione anche nel ricorso.

Per accedere ai modelli di ricorso, ai video e agli altri bonus pensati in esclusiva per te, vai alla pagina:

www.cfclegal.it/libroaer.

Capitolo 9:
Rottamazione bis: sì, ma nel modo giusto

Mossa n. 7.

Qualora nonostante tutto quello che hai letto in questo libro, continuassi a pensare di non avere molte possibilità di vincere un ricorso contro l'agente della riscossione, magari perché ritieni che non vi siano nel tuo caso i presupposti giuridici da me spiegati, hai a disposizione la possibilità di aderire alla rottamazione bis che ti permetterà comunque di risparmiare qualcosa sul tuo debito.

Di recente, come noto, la cosiddetta "rottamazione" è stata reintrodotta con il nuovo decreto fiscale 2018, collegato alla Legge di bilancio, il quale ha previsto la riapertura della "rottamazione" delle cartelle esattoriali, introdotta lo scorso anno con il decreto fiscale 193/2016.

Alla rottamazione bis 2018, potrai aderire:

1) Se non hai aderito al primo condono dei ruoli consegnati dal 1°
gennaio 2000 al 31 dicembre 2016 (la stragrande maggioranza),
potrai farlo ora; entro il 15 maggio 2018 per gli importi contenuti
in questi ruoli dovrai pagare quanto dovuto al massimo in 3 rate:

- 31 ottobre 2018
- 30 novembre 2018
- 28 febbraio 2019.

Per i ruoli consegnati all'agente della riscossione dal 1° gennaio
2017 al 30 settembre 2017, invece, il numero massimo delle rate
entro cui dovrai pagare il debito è pari a 5 aventi le seguenti
scadenze.

- 31 luglio 2018
- 30 settembre 2018
- 31 ottobre 2018
- 30 novembre 2018
- 28 febbraio 2019.

2) Se hai aderito alla prima edizione della rottamazione ma non
hai ottemperato al pagamento delle rate di luglio e di settembre,
puoi rientrare nella rottamazione se hai provveduto a pagare le

rate omesse entro il 7 dicembre 2017.

3) Se hai partecipato alla prima rottamazione, ma ne sei stato escluso perché non sei riuscito a pagare le rate successive, puoi rientrare nella nuova rottamazione bis se:

• entro il 31 marzo 2018 paghi le rate scadute in un'unica soluzione;

• entro il 31 luglio 2018 paghi l'importo condonato più interessi di mora.

In ogni caso, la scadenza per aderire alla rottamazione è il 15 maggio 2018.

In sintesi, sono dovute, per effetto della definizione agevolata (rottamazione bis) solo: a) le somme intimate a titolo di capitale e interesse; b) le somme maturate a favore dell'agente della riscossione a titolo di aggio, di spese di notifica della cartella e di spese di rimborso per le procedure esecutive e risparmierai le somme dovute a titolo di sanzione e di interessi di mora (per le multe, invece, non si devono pagare gli interessi e le maggiorazioni previste dalla legge).

Per aderire alla nuova sanatoria dovrai utilizzare l'apposito modulo "Domanda di adesione rottamazione dei ruoli", aggiornato dall'Agenzia delle entrate-Riscossione e compilarlo e spedirlo entro il 15 maggio 2018.

La domanda di adesione alla definizione agevolata deve essere inviata entro la scadenza via Pec (alla casella di posta certificata della Direzione regionale dell'Agenzia delle entrate-Riscossione), unitamente al documento d'identità, ovvero mediante consegna della documentazione presso gli sportelli dell'Agenzia delle entrate-Riscossione.

Come ti dicevo, se hai scoperto di avere un debito con l'AeR e vuoi rottamarlo, devi sapere che statisticamente avrai un risparmio medio del 30% sul debito stesso.

Oltre a ciò, ulteriore vantaggio dell'istanza di rottamazione è che, finché sei adempiente e in regola con i pagamenti, c'è la sospensione dell'attività esecutiva e non potranno quindi essere intraprese procedure esecutive o iscritte misure cautelari nei tuoi confronti.

Inoltre, altro aspetto molto importante è che se la rottamazione si riferisce a debiti Inps o Inail sarà anche possibile ottenere il Durc che precedentemente non era stato rilasciato.

Un consiglio che posso darti, se decidi di procedere con la rottamazione, è quello di richiedere una rateizzazione all'agente della riscossione prima della rottamazione. In questo modo ti lascerai aperta una possibilità qualora tu non riuscissi a onorare le onerose scadenze previste dalla legge sulla rottamazione.

Infatti, rateizzando il tuo debito prima di rottamarlo, qualora dovessi decadere dalla rottamazione, rientrerebbe in vigore il tuo piano di rateizzazione che nel frattempo era rimasto sospeso.

Così, pagando le rate della rateizzazione, impedirai all'agente della riscossione di intraprendere azioni esecutive nei tuoi confronti.

Attenzione, però, perché anche se il risparmio che otterrai con la rottamazione, o meglio con la sola rottamazione, sembra vantaggioso, in realtà dovrai però pagare il tuo debito residuo in termini molto brevi e questo potrebbe creare gravi difficoltà alle tue finanze.

Infatti, forse, non sei a conoscenza che tantissime persone che hanno aderito alla prima rottamazione dopo il pagamento della prima rata non sono riuscite neanche a pagare la seconda, e per questa ragione la rottamazione bis è stata creata anche per loro.

Per tale motivo ti consiglio di valutare molto attentamente vantaggi e svantaggi della tua scelta. Infatti, con la lettura di questo libro ti ho fornito tutti gli strumenti per valutare l'esistenza dei presupposti per poter ottenere l'annullamento del tuo debito per importi molto superiori a quello che risparmieresti con la rottamazione o con la sola rottamazione (nel caso in cui alcune cartelle di pagamento, ad esempio prescritte, possano essere annullate con un ricorso e altre siano solo rottamabili).

Quindi, se grazie a tutto quello che hai imparato con la lettura di questo libro hai la sensazione di poter ottenere molto di più rispetto alla rottamazione o alla sola rottamazione, non ti resta che rivolgerti a un legale veramente specializzato in questa materia che potrà aiutarti ad annullare tutte le cartelle illegittime e totalmente annullabili, così come noi abbiamo aiutato tanti professionisti e imprenditori come te.

In questo modo fai molta attenzione: anziché risparmiare mediamente il 30% pagando le rate della rottamazione bis, puoi arrivare a risparmiare anche il 50-60-80% o perchè no il 100% del debito totale.

Proprio mentre sto finendo di scrivere questo capitolo è capitato di fissare un appuntamento con un mio cliente. Francesco, nel settore dell'edilizia, ci ha portato un estratto di ruolo. Il suo commercialista lo stava assistendo per la pratica di rottamazione bis.

Un debito di 85.000 euro che grazie alla rottamazione bis si sarebbe ridotto a circa 61.000 da versare in 5 rate di circa 12.000 in 7 mesi. Fortunatamente, abbiamo analizzato l'estratto di ruolo e abbiamo scoperto, grazie ai super segreti che ti ho spiegato prima, che in realtà il debito da pagare non era di 61.000 ma di soli 15.000 euro.

Spero tu possa capire la differenza. Altri 46.000 euro risparmiati grazie ai super segreti. Cosa da non credere! Mi raccomando, analizza sempre la tua posizione con un legale specializzato, e che lo sia davvero, specializzato. Chiedi sempre quali e quanti casi ha analizzato e risolto.

Se vuoi essere concreto, come ho cercato di esserlo io in questo libro, fai domande concrete. Non far giocare i professionisti o le persone con i tuoi soldi, la tua azienda e la tua vita.

RIEPILOGO DEL CAPITOLO 9:

Se stai pensando alla rottamazione bis tieni in considerazione i prossimi segreti.

- SEGRETO n. 1: verifica sempre le cartelle di pagamento, gli avvisi di accertamento esecutivi e gli addebiti Inps che puoi rottamare, magari potresti anche annullarli in parte e risparmiare non solo il 30% in media ma anche il 50-60-80% o anche il 100%.
- SEGRETO n. 2: prima di aderire alla rottamazione bis, chiedi comunque la rateizzazione del debito, così se non dovessi riuscire a pagare le rate della rottamazione bis potrai continuare a pagare la rateizzazione.
- SEGRETO n. 3: se aderisci alla rottamazione bis puoi sospendere le azioni esecutive derivanti da fermi amministrativi, le ipoteche e i pignoramenti. Ricorda che decadi dal beneficio se salti anche solo una rata.

Per accedere ai modelli di ricorso, ai video e agli altri bonus pensati in esclusiva per te, vai alla pagina:

www.cfclegal.it/libroaer.

Capitolo 10:
Rateizzo e magari annullo anche il debito

Hai scoperto di avere un debito col fisco che non puoi pagare subito ma vorresti stare tranquillo da possibili azioni esecutive? Vorresti pagare in rate il tuo debito con l'Agenzia delle entrate-Riscossione? Hai ricevuto un preavviso di fermo amministrativo o di iscrizione ipotecaria?

Se ti si trovi in una situazione di difficoltà economica, c'è la possibilità di poter rateizzare il tuo debito con l'AeR in 72 o 120 rate, fermando nel frattempo qualsiasi azione esecutiva.

Se anche tu vuoi aderire a tale piano di dilazione, ti consiglio anche dopo la richiesta e avvio del piano di rateizzazione di verificare effettivamente, con l'ausilio di un legale specializzato, il tuo debito perché dentro potrebbero esserci delle cartelle di pagamento che è possibile annullare per uno dei motivi che ti ho spiegato nei capitoli precedenti.

Ad esempio, per decadenza, prescrizione o irregolarità della notifica, o ancora perché non hanno rispettato i termini previsti dalla legge.

Come funziona e cos'è la rateizzazione?
La richiesta di rateizzazione del debito può essere avanzata con una semplice comunicazione da inviare a mezzo raccomandata oppure online, o da presentare presso gli sportelli dell'Agenzia delle entrate-Riscossione competenti per territorio, utilizzando l'apposito modulo presente sul sito dell'ente.

La rateizzazione può essere richiesta per il tuo intero debito, inclusi gli interessi, l'aggio e le spese, oppure soltanto per una parte, e ti consente il pagamento della somma complessivamente dovuta in più rate mensili di pari importo.

Ovviamente la rateizzazione non viene concessa gratuitamente, ma al debito rateizzato vengono applicati degli interessi aggiuntivi.

I modelli per formulare la richiesta differiscono a seconda che il debito sia inferiore o superiore all'importo di 60.000 euro. Generalmente il numero massimo di rate mediante le quali suddividere il debito è pari a 72.

Tuttavia, se non sei in grado di sostenere il pagamento del debito secondo un piano ordinario in 72 rate mensili, puoi richiedere una rateizzazione con piano straordinario fino a 120 rate di importo costante.

Al fine di ottenere un piano straordinario, il requisito che devi avere (ai sensi del decreto del ministero dell'Economia e delle Finanze del 6 novembre 2013), è una condizione di oggettiva difficoltà economica (direttiva di Equitalia n. 12 del 27/3/2008) che può sussistere nelle seguenti ipotesi:

- carenza di liquidità finanziaria;
- per un lavoratore dipendente la fine del rapporto di lavoro;
- un familiare del proprio nucleo che abbia una grave patologia;
- accettazione dell'eredità che comprende i debiti iscritti a ruolo;

- crisi aziendale;
- contestuale scadenza di obbligazioni;
- eventi di forza maggiore e di carattere imprevedibile.

Chiaramente, nel caso di adesione a un piano di rateizzazione, sin quando sarai in regola con i pagamenti a rate non sarai considerato inadempiente verso gli enti impositori e l'Agenzia delle entrate-Riscossione.

Pertanto, non potranno essere intraprese procedure esecutive o iscritte misure cautelari nei tuoi confronti. Inoltre, ad avvenuto pagamento della prima rata del piano di rateizzazione, puoi richiedere all'agente della riscossione la sospensione dell'eventuale provvedimento di fermo amministrativo già iscritto.

In base all'attuale normativa (D.lgs. n. 159/2015) per i nuovi piani concessi a partire dal 22 ottobre 2015, la decadenza dalla rateizzazione si verifica in caso di mancato pagamento di 5 rate, anche non consecutive.

È altresì ammissibile una richiesta di proroga, richiedibile una sola volta, che può essere ordinaria, fino a un massimo di ulteriori 72 rate (6 anni) ovvero straordinaria, fino a un massimo di 120 rate (10 anni).

Per la richiesta di proroga è necessario presentare una domanda motivata dichiarando che, successivamente alla concessione della rateizzazione, si è verificato un peggioramento della temporanea situazione di obiettiva difficoltà economica.

Aspetto da non trascurare è che se la rateizzazione si riferisce a debiti Inps o Inail sarà anche possibile ottenere il Durc che precedentemente non era stato rilasciato.

La cosa importante è che anche se vuoi rateizzare o hai già rateizzato, o peggio ancora se sei decaduto dalla rateizzazione perché hai avuto difficoltà, puoi sempre fare ricorso se grazie all'aiuto di un legale specializzato riscontri che l'agente della riscossione ha commesso degli errori durante il procedimento di riscossione.

In questo libro credo di avertene spiegate davvero tante. Come ti ho già illustrato nel super segreto sulla prescrizione, fare ricorso è sempre possibile anche durante il pagamento delle rate oggetto della richiesta di rateizzazione o anche dopo essere decaduti dalla rateizzazione, perché inadempienti, perché come giustamente affermato dalla Cassazione (si veda da ultimo Corte di Cassazione civile, Sezione tributaria, sentenza n. 3347/8/2/2017) "rateizzare non vuol dire riconoscere il proprio debito ma semplicemente difendersi per non subire azioni più aggressive come pignoramenti e fermi amministrativi".

Pensa che i giudici hanno stabilito che addirittura aver già pagato una parte della rateizzazione non costituisce riconoscimento del debito, per cui non solo è sempre possibile impugnare le cartelle che hanno per oggetto il debito rateizzato, ma il pagamento come ti ho già spiegato non interrompe neanche la prescrizione (si veda Ordinanza Cassazione 18/2018).

Sembra un principio semplice ma credimi: la stragrande maggioranza di imprenditori e professionisti che incontro ripete sempre: "mi hanno detto che se ho già rateizzato non posso fare più nulla".

Questo perché molte persone che danno consigli in materia di riscossione di cartelle di pagamento purtroppo non sono specializzate e non sanno neppure da dove cominciare per aiutare i propri clienti a migliorare concretamente la loro situazione finanziaria.

RIEPILOGO DEL CAPITOLO 10:

Se hai ricevuto un fermo amministrativo o un'iscrizione ipotecaria o un pignoramento, puoi rateizzare il tuo debito e sospendere le azioni esecutive e comunque pagare a rate.

- SEGRETO n. 1: puoi rateizzare il tuo debito con AeR con 72 o 120 rate così da sospendere le azioni esecutive. Ricorda che decadi dal beneficio se salti almeno 5 rate anche non consecutive.
- SEGRETO n. 2: verifica sempre le cartelle di pagamento, gli avvisi di accertamento esecutivi e gli avvisi di addebito Inps per cui hai chiesto la rateizzazione, magari potresti annullarli in parte o anche il 100%.
- SEGRETO n. 3: se stai per chiedere la rateizzazione o l'hai già chiesta, ricorda che puoi sempre fare ricorso e magari annullare parte o il 100% del debito. Rateizzare non significa riconoscere il debito.

Per accedere ai modelli di ricorso, ai video e agli altri bonus pensati in esclusiva per te, vai alla pagina:

www.cfclegal.it/libroaer.

Conclusioni

Sono davvero molto contento che tu abbia letto questo libro fino in fondo. Sono tantissime le persone che con i miei soci incontriamo ogni giorno e spesso sentiamo molta frustrazione e paura da parte dei nostri clienti per quello che può accadere o che già sta accadendo a causa del loro debito con l'agente della riscossione.

Parlare di fermi amministrativi sulle auto sulle quali si circola per lavoro, pignoramenti sui conti correnti personali o aziendali, o piuttosto ipoteche e pignoramenti della casa in cui si vive sono temi davvero delicati e direi quasi intimi.

Questi aspetti però altrettanto spesso sono affidati a professionisti privi di competenze in materia di riscossione e quindi trattati con leggerezza e poca conoscenza. Tutto ciò ti potrebbe portare a situazioni davvero devastanti per la tua vita familiare e aziendale da cui è difficile tornare indietro.

Adesso, grazie alla lettura di questo libro, potrai avere tu stesso una piena conoscenza e consapevolezza degli strumenti che hai acquisito, riuscendo a individuare e a renderti conto dei vizi e degli errori in cui l'agente della riscossione ricade quasi quotidianamente, e quindi a capire se il professionista che ti segue abbia la competenza e la sensibilità per trattare temi così delicati.

Ma la cosa che mi rende più orgoglioso è aver condiviso con te la nostra esperienza di oltre quattordici anni di lotte e successi che ti daranno la possibilità concreta di riprenderti la tua vita e i tuoi affari e vedere il futuro con più fiducia e serenità.

Alla tua protezione e serenità familiare.

Per accedere ai modelli di ricorso, ai video e agli altri bonus pensati in esclusiva per te, vai alla pagina:
www.cfclegal.it/libroaer.

www.ingramcontent.com/pod-product-compliance
Lightning Source LLC
Chambersburg PA
CBHW071600200326
41519CB00021BB/6820